投资突围

TOUZI TUWEI

证券期货交易智慧与修炼之道

ZHENGQUANQIHUO JIAOYIZHIHUI YU XIULIANZHIDAO

金志峰◎著

新 华 出 版 社

图书在版编目（CIP）数据

投资突围：证券期货交易智慧与修炼之道 / 金志峰著.
-- 北京：新华出版社, 2019.12
ISBN 978-7-5166-4996-1

Ⅰ. ①投… Ⅱ. ①金… Ⅲ. ①证券投资②期货交易
Ⅳ. ①F830.53②F830.9

中国版本图书馆CIP数据核字(2019)第267761号

投资突围：证券期货交易智慧与修炼之道
作　　者：金志峰

选题策划：梁相斌
责任编辑：徐文贤　　**封面设计：**刘宝龙

出版发行：新华出版社
地　　址：北京石景山区京原路8号　**邮　　编：**100040
网　　址：http://www.xinhuanet.com/publish
经　　销：新华书店、新华出版社天猫旗舰店、京东旗舰店及各大网店
购书热线：010－63077122
中国新闻书店购书热线：010－63072012

照　　排：六合方圆
印　　刷：三河市君旺印务有限公司

成品尺寸：155mm×230mm　1/16
印　　张：14.5　　**字　　数：**160千字
版　　次：2020年1月第一版　　**印　　次：**2020年1月第一次印刷

书　　号：ISBN　978-7-5166-4996-1
定　　价：60.00元

前　言

参与股票和期货投资，成为“股神”“期神”，迅速暴富实现财务自由——多少人梦寐以求？

股民期民，怀着对金钱的渴望与冲动进入投资市场，虽曾屡败却屡战，虽套牢割肉甚至亏光本金却不肯收手退缩。人们很少深入认真去思考：

投资究竟是什么？

投资之路怎样才能走直走顺？

投资必经怎样的阶段和历练？

战胜人性弱点、走出投资“炼狱”的门在哪里？

成为万分之一的登顶者，该怎样去做？

投资与修为，是什么关系？

投资之道与人生事业，在何处相通？

自信而执着的“炒家”通过钻研和实践，有不少能够到达一个令人自信满满的境地，这也是一个徘徊不前的“希望之地”：

看对行情赚不到钱——明知什么是对，奈何做不到；明知什么是错，可就是一次次重犯。知易行难，因而有各种奇招出现，面壁、戒罚、修道、参禅……皆为引入力量战胜自我，以期实现思想、计划、行动和结果的一致。然而真正炒股功成者，寥寥无几，期货市场成功者百千人中不足其一。

期货市场由于其保证金交易自带十倍杠杆，成为世间最强的“人性显微镜”，将投资人参与股票和期货投资时不易察觉甚至视而不见的人性弱点放大，丝毫不落地搜索揭示出来，并利用这些缺陷、漏洞和失误，来打击你、教训你乃至毁灭你。只有把期货这样的高级别市场研究透彻，才能真正做好投资交易，摘取投资市场“皇冠上的明珠”。

该书是一本关于证券期货投资交易的操盘实战手册。全书紧贴证券期货投资实战，充分揭示金融市场的残酷一面；通过对“基本面”鞭辟入里的分析，突破陈旧误区，首次揭开现货、期货“两个市场”“两个基本面”的面纱，提出“做坚定的价格交易者”；全方位打造交易系统，构建起一整套逻辑严密、环环相扣的投资理念、交易思想、方法策略和操作要点，力助证券期货投资交易者晋阶成长。

投资折射人生，交易关乎心性。

作者潜心于投资交易研究实践的20年，经历了困惑、思辨、顿悟，也充满了对投资交易中人性的认知反思，以及对自身人格的激扬完善。为帮助证券期货投资者少走弯路，充分认清投资道路上的人性藩篱和必经之“炼狱”，找到投资突围的方向和钥匙，本书还重点围绕“知行合一”的核心问题，深入剖析投资交易中的人性弱点及修为之道，为完善“交易人格”提供了修心导引。

成功的投资交易者，必是经受“炼狱”磨砺而变得胸襟豁达、性情坚毅、专注执着、精益求精——具备这样的人格素质，亦必受到命运之神的青睐和眷顾。

渴望人生璀璨的追梦人，深读此书亦不无裨益——进入一个不为常人所知的神秘世界，站在特殊视角洞察生活、审视自我，明晰过去不曾看到的自身弱点和人性不足，体味修身、做事之道，参悟成功智慧，并从中获得启示和动力，更加深入地去理解和规划人生。

目 录

CONTENTS

第一章

告捷：股海弄潮

从“晕”着买股票，到根据某个理由来确定购买哪只股票；从“首开”得胜到“5·30”大捷，再到与权证庄家“面对面”；从通过交易所的大屏幕看价格到BP机随时掌握行情，再到电脑看K线作分析，其间见识了资本为王的投资市场上演的极度疯狂，由一名股票市场的跟风炒客，一步步成为“系统化”交易者。

第一节　证券开户

通过股票、期货市场投资，在资金博弈中，按照法定规则把别人手里的钱赚到自己口袋里，这事儿殊为不易。然而人们还是纷纷而来，竞相参与其中，因为这里无须租赁门面，只凭自己的眼光和判断，就能实现挣钱目的。竟不知，选择投资就是选择人生，就是选择自此走上一条艰难的人生道路。

我走进投资市场时，除了对财富充满梦想之外，完全没有意识到即将面对的艰难险阻，只是怀揣着对未来的渴盼，充满信心地开了户，然后踏上了自己的投资之路，开启另一种人生。

这条路的起点，在2000年的“十一”过后。促使我进入股票投资的，是中国投资市场刚刚经历的“5·19”那一轮疯狂上涨。

1999年5月，在席卷中国的网络科技股热潮带动下，中国股市走出一波凌厉的飙升趋势，在不到两个月的时间里，上证综指从1100点之下开始，最高站到1700点之上，涨幅超过50%。而其中的龙头，亿安科技、海虹控股等的股价，更是被炒到了一个非理性的高度。海虹控股（000504）从几元的价格一路突破百元，成为最耀眼的股市明星。

2000年春节一过，沪深股市在充分消化“5·19”行情的获利筹码之后重拾升势，上证综指不断创出历史新高。世纪之交的2000年，正在经历前所未有的长达两年的大牛市，这个“千禧年”的股市，可谓波澜壮阔。无数股海中人和股海之外的人为之震惊，炒股、赚钱，成了街头巷尾的主要话题。

彼时，中国的投资市场正经历着快速成长与成熟。2000年我国国民经济出现重要转机，经济增长加快，运行质量显著提高，国内生产总值首次突破1万亿美元。

2000年2月13日，中国证监会发出通知，在新股发行中开始试行向二级市场投资者配售新股的办法，以进一步完善股票发行方式。

2000年7月5日，中国证券业协会证券分析师专业委员会在北京成立，大会通过了《中国证券分析师职业道德守则》。

2000年9月29日，国务院发出通知，决定自2000年10月1日起调整证券交易印花税中央与地方分享比例，将当时执行的中央88%、地方12%，分三年调整到中央97%、地方3%。

2000年10月8日，中国证监会发布《开放式证券投资基金试点办法》，规范开放式证券投资基金的公开募集设立、运作及其相关活动，保护证券投资基金投资人的合法权益。

政策环境进一步推升轰轰烈烈的股市热潮，我和大多数渴望炒股发财的人一样，被一众摩肩接踵的开户队伍挤扛着，一步步挪进位于北京翠微路的一家证券营业部，用家人的身份证开立了股票账户。如火如荼的投资市场，开设股票账户如同抢钱的情景，至今记忆犹新。世易时移，没过几年这家证券公司运营不善倒闭，我只好将账户变更到了别家证券公司。

不过2000年的各家证券公司还是相当红火。当时大红大紫的证券投资市场，似乎涌动着全民炒股的洪流，股市几乎承载着所有人的发财梦想。我开了股票账户后，就把自己所有的存款大约3万元悉数投入，信心十足地准备在股票市场大展拳脚。

大牛市中，每个人都认定这条路充满了鲜花和艳丽的风景，却没有意识到这条路上，处处都隐藏着危险的陷阱。

我也真没有想到，一扎进股海，就收到了投资市场给我的下马威。都说“前三脚难踢”，我在股海的前三脚，无一幸免，全部赔钱。

当时买的三只股票，分别是江钻股份、东湖高新和南方汇通。不到一个月，这三只股票让初入股海的我赔了足足1万多块钱，损失超过了30%，这一重挫就像当头一棒。事实上，当时买股票是“晕”着买的，任何知识都没有，任何经验都没有，任何理论都不懂，还是纯粹的门外汉，看哪只股票活跃就一举追进去，就像新手开车，上来就挂三挡，肯定熄火。

但是这一年，却是一个重要起点，让我进入了一个全新的、绚烂的，同时也危机四伏的投资领域。

我并没有意识到，选择投资，也就重新选择了人生道路，即将开始一场漫长而艰难的心性历练和行为磨砺。

股市投资是个层层淘汰的过程，大体可这样来看：第一层，冲动进入市场，完全拼运气，看进场时机、行情方向对与不对，先淘汰 50%；第二层，做对行情却赚不到钱，被反复振荡又出局一半，还有 25%；第三层，经历一个牛熊轮回，下次运气不在又被清洗一半，只剩 12.5%；第四层，余下能够在投资市场长期存活下来的，都堪称“高手”，然其中勉强打平保本者要达到持续盈利，依然有漫长的路要走，三年五载很正常，因此这二者也是各居一半，最终的成功者仅剩 6.25%！

如此艰难之路，如果不是立志成为投资家，何必进来受虐？有志于此，定要成功，务须明白：必须要做好怎样的准备。

第二节 “首开”得胜

实践出真知，这话放之四海而皆准。眼见为实——成为我第一次正确选择股票的理由，也成为我获得股市第一场胜利的原因。

前面三只股票晕打乱撞遭受重击吃过亏，就不能再这样犯错了。首战失利后，我才开始寻找选择某一只股票的确凿理由。这，是作为初级投资者的我，第一个小小进步。

2001 年的春节前后，我对所住小区对面莲花小区新开的楼盘产生了浓烈的兴趣。倒不是要买房子，而是看到售楼处买房的队伍竟然排到了马路上，不免对这家房地产企业——北京首都开发股份有限公司产生了兴趣。

我持续关注了对面的小区一个多月，三月十二日，这家公司就在上交所上市，于是我果断地购买了首开股份（600376）。这只股票在三月十二日当天，以 28.01 元的价格开盘。当时我既没有学习什么股票交易技术，也没有了解什么股市的基本面，完全凭直观感觉去选择股票——楼盘卖得好。这种直观的判断，就是我购买这只股票的理由，也正是这种“有理由”的投资决策，让我收获了股市里的第一桶金。

购买首开股份之后，我就去西安出差了。那次我蹲点 20 多天，深入采访了一位很厉害的驻厂总军事代表，他正在监造我国一型最新战机（即后来所说的“飞豹”歼击轰炸机）。将近一个月忙于采访写作，没有时间也没有机会去关注自己的股票。回京后发现，不到一个月的时间，首开股份居然涨过了 34 元。眼看每股涨了六块多，算起来自己已经赚了不少，便高兴地卖出了这只股票。

现在看来，“首开”得胜，是我在眼见为实的基础上，做出的第一次“方法”选股。当然，更主要是资金也追捧它，这尤为关键。影响股票价格的因素有很多，包括市场内部因素、基本面因素、政策因素等。市场内部因素主要指股票的供给和需求，即资金面和筹码面的相对比例；基本面因素包括宏观经济因素和公司内部因素，宏观经济因素主要是能影响市场中股票价格的因素，包括经济增长、经济景气度、利率、财政收支、货币供应量、物价、国际收支等。公司内部因素主要指公司的经营和财务状况；政策因素是指足以影响股票价格变动的国内外重大活动以及政府的政策、措施、法令等重大事件。在当时，我并不懂这些，但在无意之中运用了通常的判断依据：基本面因素中的公司内部因素。尽管并不全面，也并不完善，但是正因为眼见为实，凭借的是真实的依据，取得首次胜利，运气中有规律，偶然中有必然。只不过，类似这样的投资决策方法，我后来也已抛弃。

这是我在股票市场“首开”得胜。这次胜利，让我充分感受到了投资市场的魅力所在，有了对资本市场的初步认识，也真实地看到了投资市场所带来的无与伦比的财富增长速度，我对市场产生了更加巨大的兴趣。

“首开”得胜前后，我一直依赖证券交易所那红红绿绿的大屏幕，以及一份份名为《股票大全》《证券大参考》的报纸来查找股票信息。有时候抽空去证券交易所的交易大厅看大屏幕。闲暇之余，还疯狂地从电视、广播等渠道汲取有关股票市场的信息，关心任何与投资相关的新闻，还买了一台专门发布股票行情的 BP 机。记得当时非常崇拜一家电视台股评节目中那位“股评家”老师，他操着四川口音提示大家：东方明珠（600637）会大涨，真的就连续涨了两个板。后来真相大白，原来是“庄托”！

听说过证券公司的大户室，也听说可以自己买电脑坐在家里上网炒股，但对于我这样一个初涉股海的新手来说，这些不过是股票市场“成功人士”的炒股方式。假装不经意进去过大户室，那围坐在长条桌两侧几台电脑前的“大户”，那摆放在大户室桌子上的证券交易所的分析报告，以及大户室里在当时还极为少见的饮水机，都令我感到新鲜和好奇。而听到“大户”

们聊某个品种的股票，看到证券交易所的客户经理为“大户”提出参考意见，我更是竖起了耳朵。当时那动辄七八千甚至上万元的电脑，已令我望而却步，更别说坐进大户室了。

偶然去有线电视公司的大厅办事时，了解到有线电视的图文频道，就毫不犹豫购买了图文信息接收卡接入电脑，实现可实时查看股票行情、电话委托下单。后来，还是想通过网络实现同步操盘交易，于是请同学殷刚吃饭，他爱鼓捣电脑，帮我用800多元攒了一台二手电脑。那台“奔三”电脑因为配置很低，常常会卡死，以至于我不得不经常喊他一起吃饭。不过，这总算用电脑开始了分析K线图，实现了网上同步下单。设备上的进步，让我有了更多的机会去关注大盘，对行情走势逐步有了直观认识，并关注各种指标，在繁忙的工作之余，坚持每晚复盘研究，一些技术分析的知识也慢慢积累起来。

第三节 屡败屡战

对股票市场的学习和认知，必然要经历一个从一无所知到一知半解，再到知道得越多越不知道该如何做的过程。只有经历了这个过程之后，才能实现从盲目跟风投资到独立决策投资的提升。

跟随着中国投资市场的发展，包括我在内的中国投资者，在这个学习的过程中，不断地见证中国经济的发展，也不断地见证投资市场的无常。

有一次，我在饭桌上听见有人对某只股票的数据指标侃侃而谈，赶紧凑了过去，可是听了半天，宛如听天书一般，完全听不明白，于是跑到书店，买回一大摞有关股票投资的书，开始学习研究。大概有两年多的时间里，我看了几十本有关股票交易的书，自以为这样就可以对股票知识有深入的了解，可看来看去，更懵了。我努力消化每本书，对于初学者来说，似乎哪本书都是对的，可是不管照着哪本书去实际操作，结果都是一样亏钱。看一本，用一本，亏一回，就这么一直亏。偶或赚一次，然后又是亏亏亏……

这一亏就是六年。

太多的流派、太多的指标、太多的“秘笈”、太多的信息干扰，简直令人无所适从。哪个都对，可哪个用来都赚不到钱。道氏理论、江恩理论、彼得林奇、利弗莫尔及巴菲特的交易法，蜡烛图、猎庄术，还有基本面、技术面、量能，以及什么摆动、布林、乖离、KDJ、MACD 等等几十种眼花缭乱的技术指标，它们之间的关系难以搞清，究竟该用哪个进行交易？为何有的还存在冲突、矛盾？

我觉得自己被淹没进了股票知识的汪洋大海，越看书学习越糊涂。

几年股海生涯，等待我的，并不是一次又一次的胜利，而是漫长的挣扎。我当然没有妄想顺风顺水，深知每一个生命都有不同的旅程，有的直达彼岸，有的蜿蜒曲折、艰难前行。不过股票投资的这个学习过程，的确太过于艰难，简直怀疑智商出了问题。

“首开”得胜之后的六年间，我都在困惑、迷茫中不断学习、不断实践，屡战屡败，却是屡败屡战。

印象中最难受的一件事，是听人透露消息，说有只重庆的股票即将重组，必然大涨，自己就一头扎进去，并怂恿朋友开户买进了五万元股票，结果不断套牢。后来倒是发消息停牌了，可一个月后开盘又是两个跌停板——重组失败！我亏了是常有的事，让朋友跟着也亏好几万，着实特别窝囊。

当然，其间也有胜利的喜悦。2003 年闹“非典”，我判断天坛生物（600161）一定会上涨，当时账户里亏得只剩 10000 多元，于是向一位朋友借了 20000 元，加一块儿全部购买了这只股票。连续三天，天坛生物强势涨停，不到一周就赚了 10000 多元。于是果断卖出，打车去找那位朋友，还钱、取回借条，还请他们夫妻二人吃了顿饭。那一次的投资对于当时每月工资只有 1700 多元的我来说，算是不小的成功；对于连年亏损找不到方向的我而言，又无疑是一针强心剂。

那几年时间，从财富上看，是前期亏损、后来原地打转的六年；从收获上看，我从一个稳定的“亏货”，成长为不挣什么钱也没有大亏的股市“群众演员”。

不过从未放弃。经历那困顿的六年，我最终摸索总结出自己的“三趋势共振法”和“三种必涨形态”，据此构建了自己的入场交易体系，我称之为“三足鼎立”。

在物理学中，三角形是最稳固的形状，稳固就是确定。那么我就按照三角形构建自己的交易体系：针对“三种必涨形态”中的任何一种，都分别利用三种趋势判断方法，搭建起一个类似三维的模型。再将精挑细选、形态异于大盘的“自选股”逐一放进所构建的模型中进行测试，符合条件就买入。“三维模型”不是抽象的，而是确实由三个维度来搭建：一是“自选股”，二是“三必涨形态”，三是“三趋势共振”。简而言之，即当自选股出现必涨形态，且符合“三趋势共振”时，就买入该股。

第四节　与权证庄家“面对面”

股海沉浮，对于股市的深度和广度，都有了深刻的体会。要想在股海中长久立足，不仅要确立属于自己的交易系统，还要在风口浪尖上，从容地逃离或者立足，而制造疯狂的股海漩涡的，正是资本，是挥舞资本的幕后“庄家”。

在18世纪20年代英国的股票泡沫中，天才科学家牛顿在严重亏损后叹言，“我能计算出天体运行的轨迹，却难以预料到人们的疯狂”。投资市场的确充满了危机和漩涡，充满了离奇和疯狂。

2007年的中国股市，就充分展示了投资市场的疯狂到底有多么可怕。在一派高举高打、高歌猛进的狂热之中，鱼目混珠、泥沙俱下，让我见识了“义庄”做派、领略了“末日轮”风采，对残酷、诡谲的投资市场，愈发心存敬畏，真正明白了这是谁的天下。

在2007年的5·30行情之后，我在一家网站的论坛“股吧”

里，发现了一个奇怪的游客，当所有的游客发言，字体都是正常的黑色字体时，这位游客却以比所有人的帖子都大一号的红色加粗宋体字，发出了一个又一个“神奇”的帖子。

从5月30日上调证券交易印花税以后，大盘继续一路上攻，已经没有任何内在价值的认沽权证突然成为热钱狂热追捧的板块。仅仅是因为不用上交印花税、T+0日内回转交易而不受次数限制，权证便成为深沪股市中最另类、最疯狂的一族，其中以认沽权证最为猖獗。那一年，认沽权证的价格振幅之大、成交量之多、换手率之高，不仅令我瞠目结舌，也令所有股海中人大为震惊。

权证是指基础证券发行人或其以外的第三人发行的，约定持有人在规定期间内或特定到期日，有权按约定价格向发行人购买或出售标的证券，或以现金结算方式收取结算差价的有价证券。购买并持有权证，就是支付一定数量的价金，从发行人那儿获取一个权利。购买股票的权证称为认购权证，出售股票的权证叫作认售权证或认沽权证。认购权证属于期权当中的“看涨期权”，认沽权证属于“看跌期权”。中国股市发行权证，是全流通推进过程中的特殊历史条件的产物。全流通，也被认为是那一轮牛市的重要推动力。

权证价值由两部分组成，一是内在价值，即标的股票与行权价格的差价；二是时间价值，代表持有者对未来股价波动带来的期望与机会。在其他条件相同的情况下，权证的存续期越长，权证的价值越高。随着权证到期日临近，时间价值终将归零，从而权证的价值将向其仅剩的内在价值回归。而随着到期日临近，正股股价基本确定，不具有行权价值的权证，形同一张废纸，其价值终将归零。因此，2007 年牛市之中的认沽权证，最后大多以 0.001 元收盘，基本属于惨淡归零而退场。

然而在 2007 年 6 月，市场出现了第一个没有任何行权价值却又拒绝归零的认沽权证——钾肥认沽权证。钾肥权证的疯狂与悬疑，后来甚至被称为“中国股市第一奇案”。而我，则因为几年来始终在股吧里“海绵吸水”，有幸目睹了这场源于股吧“红帖”的诡异事件。

从 2007 年 5 月 30 日至 6 月 4 日，钾肥权证从 0.844 元的低位，最高涨至 8.05 元，在 4 个交易日里最高拉出近 10 倍的涨幅，换手率高过 33 倍。钾肥权证的暴富效应，迅速激活了整个认沽权证市场，华菱、中集和招行的认沽权证也相继表现。

6 月 22 日上午 10 点半左右，在一家网站的论坛里的“钾肥权证吧”，突然有个名为“Iloveyz888”的游客，用大一号的加粗宋体红字发帖，说：“都把握好逃生机会，我决不会置散户不顾，最后拿出这些天一半的利润来给大家个机会。想走的就抓紧走……”

这个帖子的横空出世，顿时吸引了我的眼球。在他的帖子发出之前的 10 分钟，钾肥权证刚刚走出了一个近乎翻番的行情，令人瞠目结舌——这就是红帖中所谓的逃命机会？

随后，在这个论坛中，这个声称要“解救亏损者”的“红帖人”，又陆续发帖，非常准确地提前告知了钾肥权证随后的行情，并不停地规劝大家逃命，同时也一再申明一点——坚决不归零！这一天，从“红帖人”现身开始，在几个小时的交易时间内，钾肥权证的每一步变化都完全贴合其预告的节奏，上午大涨下午大跌。

这种剧情，我看呆了，完全无法理解在6月29日就要到期归零的钾肥权证，为什么会在到期日的前一周，出现如此翻云覆雨的走势。关键的关键，是该权证在这一番震撼人心的振荡中，所出现的所有行情，都被“红帖人”提前预告，而且一一兑现，毫无偏差！提前告知行情和坚决不归零，这是完全难以理解的事情，可它就是活生生地出现了！

谁都清楚，要做到如此控制盘面价格，唯有投入大笔资金才能做到。准确率和大气魄，让所有看到这些帖子的人都无法怀疑——就是钾沽庄家发出的这些帖子。更有意思的是，“红帖人”还发帖表示，要继续炒作另外一只没有任何价值的权证——华菱认沽，而随后，该品种也果然应声而起，并在随后的交易日中出现40%的涨幅。

历来，庄家是散户的对立面，庄家的任务是赚散户的钱，这一回，一切似乎变了。无法量化究竟需要多少钱才能将钾沽的行情操控到如此地步，但资金量过亿甚至数亿，则是业内人士的最低估算。准确的预言，无法让人不去相信“庄家”的存在，然而从事实角度，又没有依据能证明果然存在一个能如此操控钾沽的“庄家”。从交易所的成交来看，钾沽的成交非常分散，最大的交易席位买卖的总资金量也未超过4500万元。同时，交易所并未监测到有账户超额持有钾沽，控制筹码以左右钾沽的行情走势。

6月29日，钾肥权证迎来了最后一个交易日，这个从“5·30”暴跌以来，在18个交易日里，最高价格曾经达到8.05元，四天内涨幅达到858%的权证游戏，终于到了结束的时候。

钾肥认沽权证“钾肥JTP1”，规定在2007年6月25日到6月29日行权，行权价为15.10元。而正股盐湖钾肥当时的收盘价在45元以上，很明显，投资者如果行权，则相当于以15.10元的价格，向认沽权证发行人卖出市价已是45元盐湖钾肥，相当于每股认亏45–15.1=29.9元。既然行权只能意味着巨大亏损，钾肥JTP1肯定不会行权，注定要一文不值。

然而，当所有人焦急地等待着最后一幕，等待钾肥权证的价格最后被打到0.001元的时候，离奇最终还是贯穿钾肥权证的始终。钾肥JTP1末日换手率达到1741.2%，上午的涨幅一度超70%。下午14点之后一路下跌，连续跳水，似乎归零的命运无法避免。然而，就在收盘之前，“红帖人”再次发言：“最后一单由我来埋！！！3点吃最后一笔。”果然，收盘前最后一笔以0.107元成交了100多万手，如果真是被“庄家”接盘，这一笔就要耗资100多万元。像这样通过网站提前声明、赔钱托盘，无疑是将钱打水漂。

一个纪录由此产生，有太多太多的人不禁好奇——如果这不是傻子，就必定、也只能是“义庄”。这次“钾肥义庄奇案”，在全球的资本市场都堪称前无古人后无来者。至于到底是庄家的良心发现，还是另有玄机，皆不可知。

这还不是结束！我还没从钾肥权证的疯狂炒作中回过神，很快又见识了另一个更为劲爆的“末日疯狂”。

第五节 见证“末日轮”疯狂

在投资市场中，任何光怪陆离的奇相都可能出现，只有你想不到的，没有你看不到的。身在股海，先要经得住惊吓，“任凭风浪起，稳坐钓鱼船”，在各种疯狂中站稳脚跟，始终把握好自己的交易底线和交易策略。

2007 年 6 月 11 日，权证市场日成交首度突破千亿大关，达到 1115 亿元，此后，权证成交超过深圳股市已成常态。

2007 年的 8 月份，在沪深股市的认沽权证市场，一个令人不可思议的成交纪录出现——内在价值为零的招行认沽权证，某日的成交金额竟然高过 440 亿元，而当日深市 600 多只 A 股总成交金额才刚刚超过 500 亿元。足见炒作资金达到空前热度，股民跟风实乃极度疯狂。整个中国股市，如此大量的资金、不计其数的投资者，都完全抛弃价值投资理念，争先恐后纷纷去追捧一文不值的东西！

招行认沽权证创设于 2006 年 2 月 23 日，2006 年 3 月 2 日上市当日就受到市场的热炒。到 2007 年 5 月 18 日，招行认沽权证的收盘价格为 0.391 元，而当日招行正股价格为 20.76 元，由于3个月后就要行权到期,实际上招行认沽权证已经一文不值。

不过，随后招行认沽权证却没有理由地一路上行，至 6 月 8 日涨到了 1.339 元，此后 4 天之内又暴涨 370%，6 月 12 日更达到了 4.95 元。巨大的涨幅，引发了券商的“创设”热情，券商一共凭空创设了 44 亿份招行认沽权证抛向市场，一度导致市场流通的权证数量超过了正股的数量——这又是一奇事。至今回看，我依然觉得整个市场那时都已癫狂到丧失理智，包括普通投资者、各路资本，也包括磨刀霍霍的券商。如此创设的权证，无异于将一张张白纸抛售向市场。

2007 年 8 月 15 日，还有 7 个交易日就将停止交易的招行认沽权证——“招行 CMP1”，在早间以 0.15 元小幅高开后，价格强劲上涨，全天换手 842%，盘中涨幅一度达到 280%。尽管在招行 CMP1 炒作过程中，上海证券交易所为遏制疯狂炒作，曾经三度出手干预。第一次是在上午 11 点 15 分，当涨幅达到 110% 时，上交所暂停该权证 15 分钟交易，试图让失去理智的投资者能够冷静下来。然而，当下午 1 点招行 CMP1 复牌后，并没有就此罢休，权证价格二度上扬并一度摸至 200% 的涨幅位置。13 点 55 分，上交所不得不再度出手干预，第二次暂停该权证交易。可是，市场犹如脱缰的烈马，根本没有止步的意思，14 点 10 分，再度复牌后的招行 CMP1

价格迅速上扬至 0.545 元一线，涨幅接近 280%。14 点 40 分，上交所第三次对招行 CMP1 进行临时停牌处理。此次复牌后的招行 CMP1，因交易即将结束，无力发起向上攻势，最终以 242.47%的涨幅报收。

收盘后不久，上交所即在所属网站上挂出市场公告函，称“鉴于个别证券账户在招行 CMP1 权证交易中出现异常行为，根据《上海证券交易所交易规则》和《上海证券交易所权证管理暂行办法》第四十四条的规定，本所已采取措施，限制联合证券深圳振华路第二营业部个别证券账户权证交易”。

而在招行权证即将到期的前一天和到期日当天，这种“末日轮”疯狂更是被演绎到了极致。尽管时间已过去十多年，但每当回想当时亲身经历、亲眼所见的情形，照样会让我心跳加速。招行认沽权证，一张即将到期的废纸，竟然在到期日的前一天，从 0.3 元的开盘价，直冲 1.2 元的价格，日内涨幅达到创纪录的 400%，一天熔断数次；收盘前又回落到 0.2 元，自最高点回落 83.3%；而在到期日当天，竟然还是以 0.32 元的价格高开 60%，随后一路上涨再度翻倍，直到最后才跌落下来。眼见行情一波高过一波，我也多次产生买进的冲动。但真的害怕它突然一头栽下直接归零，让自己血本无归，最终忍住没动。网上有人声称，在这两天的“末日疯狂”里用 10 多万元赚了 200 多万，我眼睁睁地看着行情连续多轮大涨，自忖此君未必虚言。

“面对面”看到钾肥权证的庄家翻手为云、覆手为雨，让我深切感受到投资市场瞬息万变的刺激。而这一次，我更是见识了惊心动魄、电光火石般的招行认沽权证上演的“末日疯狂”。资本市场，以其特殊的方式教导了我：这里由谁说了算——资本。证券期货投资市场为什么一旦进入就再难抽身离开？有财富效应的金钱诱惑，应该也有它与生俱来的无比震撼、刺激惊险。

第六节 “5 · 30”大捷

股市中的每一个成功者，必有属于自己的交易之道。有了属于自己的交易体系，顺势而为，慎重决策，就能够在“乱花渐欲迷人眼”的股海中，保持应有的清醒，选对股票挣到钱。

我对自己所悟的“稳固性即确定性”，并由此建立的“三足鼎立交易法”信心十足。这种信心甚至带有一定的偏执倾向，连写文章，都力求每篇至少要有三章，而每章至少要有三节，每节至少要有三段……

也正是股海沉浮建立的“三足鼎立”交易系统，提高了我在股票市场的投资成功率。2005 年 6 月 998 点启动的牛市，在 2007 年加速上涨，虽经“5 · 30”短暂调整，到 10 月 16 日，沪市依然将红旗插上了 6124 高地——大盘在两年多的时间里上涨 6 倍。这期间，我坚持运用自己创建的三维度交易法，在这荡气回肠的大牛市中快速盈利，最终取得了几倍的收益，对自己交易系统的信心也更加坚定。

2007年，这也是中国股市加速上涨、值得大书特书的一年。这一年中国的股市无论从指数点位、融资规模，还是股民数量，都站上了历史最高点。两年前跌破1000点，“推倒重来”之声不断的中国股市，长期经受熊市折磨的中国资本市场，终于展开一轮轰轰烈烈的牛市行情。从这一年年初到4月份，沪深两地股指都已出现了80%以上的升幅，其中仅4月份的涨幅就高达30%。2006年底上市股票的平均股价还在5元左右，但4个月后的平均股价已经达到12元，5元以下的股价全部被消灭。

在这一年，太多的纪录被改变，股市更是超乎人们的想象。央行连续5次提高存贷款基准利率，10次上调准备金率，并多次发行定向票据。经济的热火一旦燃烧起来，一再紧缩的政策，似乎只是抱薪救火，已经拉不住史无前例的股市大牛。

但在股市的大涨行情下，这个年度也夹杂着一系列的惊心动魄的快速下跌，这一切，似乎都在重复着那句俗话“股市有风险，投资须谨慎”。在2007年5月30日之前，虽然上调印花税的消息已经风传，市场也因此而出现了犹豫和观望，但就在5月30日之前的一个星期，官方通过媒体向外表示，上调印花税只是市场的猜测。正是这个信号，使投资者吃到了一颗“定心丸”，上证综指在这一个星期里重拾升势，又出现了持续大幅的上涨。

然而，2007年5月30日凌晨，一条特大重磅新闻，令人吃惊地出现在国内的三大门户网站上。这条新闻是：证券交易印花税税率由现行1‰调整为3‰。中国股票历史上著名的“5·30

惨案”从天而降。这条对中国股市极具杀伤力的爆炸性新闻，不仅未首播在5月29日晚七点的《新闻联播》中，也没刊登于当天的三大证券报，而是播出在央视当天午夜的《经济新闻联播》中，市场各方全都毫无准备，措手不及。

5月30日当天，上证指数暴跌283点，900多只个股跌停，深成指跌829点，接下来的五个交易日里，上证指数最大跌幅达到21.49%。绝大多数上市公司的股价连续4—5天跌停，被“腰斩”的个股遍地都是……无数股民争相割肉、夺路而逃，而那些逃不了的人，就此被套“山顶”，纷纷斥责“半夜熊叫”。在“5·30”暴跌行情中，许多个人投资者割肉离场，甚至卖在了最低点。

真正的牛市不怕洗盘！比5·30暴跌行情更有意思的是，在整个2007年的超级牛市中，发生了多次暴跌行情，但最终都收复失地。2007年10月16日涨到6124点，形成了迄今为止中国股市的珠穆朗玛峰！

正当股市一派繁荣、繁花似锦，甚至普遍认为10000点大关指日可待之时，行情见顶，出现了急速反转。下跌速度不亚于牛市最后的加速上涨。至2008年10月底，沪指已经一路下跌到1664点——这正是它2006年10月启动的位置。一年涨三四倍，一年又跌回来，都很快。

牛市最后的盛宴，往往成为“鸿门宴”，并非大多数股民都能在股市6124高点全身而退，相反很多都被套在高点“站岗”。

而在随后的大幅振荡中，有大量的投资者遇到反弹又追逐杀入，急速下跌又割肉离场，因此，许多投资者在那轮超级牛市中，非但没有赚到和指数相符的收益，反而资金急剧缩水，赔得很惨。

经历“5·30”暴跌暴涨，见证钾肥权证、招行权证的极度疯狂，目睹牛市唱罢熊登场的快速轮回，我对股市的态度已由过去的向往、痴迷，逐渐转为忌惮、敬畏，安全意识、风险意识较之前有了明显的增强。对于一些实战中得来的经验教训，开始有意识地进行总结、归纳和提炼。比如：

——投资的关键是管理风险；

——只有空仓无风险，因而持仓尽量短；

——平仓永远正确，赚钱落袋、亏钱认错；

——利用好投资市场的复利效应；

——只关注有个性的股票，其形态迥异于大盘；

——既然多数人亏钱，要勇于站在所有人的对面；

——牛市少有、牛股难求，赚差价更看重有效波动；

……

这些认识和感悟，支撑起我的交易思想和操作理念，并由此对自己一直运用的“三足鼎立”交易系统做进一步改进优化，形成了“20 分钟操盘法”。

重点在于：规避股市 T+0 交易在入场当天不能脱身的束缚，每次交易只在收盘前 20 分钟入场、次日开盘 20 分钟之内平仓。

这样的交易思路，不求每次都能赚钱，只为尽量缩短持仓时间，以降低“身在股市”的风险。而实际上，几个月执行下来，平均每笔都有1%左右的收益。尽管不是每天都有时间看盘交易，也不是每次盯盘都有下单机会，但我用这样一套方法，在2008年持续下跌的熊市里，仍然实现了账户资金翻倍。

有次上网看到一个论坛的投资专区，从2007年底开始，随着股市的暴跌，这里就充满了消极悲观情绪。我就以“水中沙”之名发了一些关于股市的帖子，偶尔也对某只股票的走势作出分析，提出操作建议。这些帖子得到热烈回应，吸引了大批的追随者。这期间，我重点操作的股票，主要是招商银行和当时的奥运题材股中体产业。

2008年8月，我换工作来到新单位上班，一下子忙碌起来。关帖离开论坛之际，我把八年股海的交易心得总结梳理出来，发给所有关注“水中沙”的网友，希望为大家摆脱投资困局尽点绵薄之力。

第七节　股市收获：“成功”是“毒药”

从“晕”着买股票，到建立属于自己的交易理念和交易体系；从初入股市的菜鸟，到在熊市中不断盈利的老手，当我在股海里已经可以从容不迫、悠然前行的时候，尚未意识到，在某种程度上，“成功”是“毒药”。

谁都期盼成功，然而如今回头来看，当时我在股票市场的成功，对于我的整个投资历程而言，堪称“毒药”。人们过于看重的曾经的所谓“成功”，往往成为日后失败甚至毁灭的“毒药”。

的确，一个股票投资者能够在熊市中赚钱甚至翻倍，说明无论其投资理念还是操作方法技术，都已达到相当的水准。但股市的成功也仅仅就是股市的成功，决不意味着此种成功、此刻的成功，就能放之各类投资而皆准，更不意味着从此就已经是一个成功者。

进入期货市场，一而再，再而三地呛水、惨败，我才真正意识到，在股票市场里所谓的“成功经验”，恰恰成为我进行期货投资的“毒药”。在股票市场上的成功，让我盲目地认为自己成为投资高手，可以利用股票市场的成功经验，在赚钱更快的期货市场大显身手。我完全忽略了初入期货市场时得到的忠告，也对另一个全新的投资领域——期货市场，缺失了应有的敬畏。

大体而言，成功至少有三个层次，第一层次是某件事情的成功，只是初级层次；第二层次是某个领域的成功，是中级层次；第三是做事为人立功立德，可谓高级层次。

我所创建的“20分钟交易法”，只是在较短的时间内，去尝试一个盈利的机会。这种方法在股票交易的“三足鼎立”系统中适用，一旦更换市场、变换条件，就会不服水土。而我的交易系统，在股票市场看似缜密，但股票市场的精细化程度，远远不及期货市场。因此，在股票投资上取得的成功，充其量只能算第一个层次——在某件事情的成功，不过是“成功”的基础层次、初级阶段。

再高一个层次，应该是整个投资领域的成功。在没有经历所有的投资实践，没有期货、债券、汇市、期权等全面的实战成功经验之前，岂能自命不凡，因股票投资盈利就认为是成功的投资者？如果认识不到这些，即便偶或踩上牛市的步点炒股发了财，那些靠运气挣来的钱，在日后的投资中还是会靠本事亏回去。

“满招损，谦受益。”我们常常犯的错，就是把一次偶然的成功，当作无所不能的才干；把低级阶段的成功，放大为高级阶段的经验；把某一时段的成功，当作满满自信的资本；把局部取得的成功，当作全面适用的标准；把自己事业上的成绩，当作人生达到的境界。

真正的成功不仅一时而是一世，不仅一事而是全局，不仅事业更重品格，不仅个人修为且要看福荫功德。成功，永远都是丰厚积淀基础上的新追求、新目标，成功之路就是不断登攀人生新高度的求索。成功永远在前方，而不在身后的路上，并非过去的成绩。

这样看来，我们一般所认为的个人“成功”，从思维方法上看，都还不够客观、全面——这样的“成功”，容易对自己形成迷惑和误导，岂不是“毒药”？

我们并非要刻意为成功保持低调，而是一定要对成功保持清醒。

第二章

溃败：期市呛水

股票市场小有斩获，成为进入期货市场的信心和勇气。然而股市中创立的交易系统，并不适用于期货市场。尽管都是看K线图下单操作，但将股票市场投资的方法，照搬到期货这一更高级别的投资市场后，屡屡遭受呛水。

第一节　局外总是信心爆棚

当局者迷，旁观者清，然而局外的信心爆棚，永远只是纸上谈兵。只有实战中的“事上练”，才能真正沉浸体验，触及事物本质。

2008年7月28日，我到新单位报到正式上班，人生开启了新的篇章。北京奥运会开始前的8月1日前后，单位组织开展“迎奥运、好活动”，来到坝上草原闪电湖。一望无际的草原美景，蓝天伸手可及，白云拂面飘过，霞光抹向悠闲的牛群的脊背。沙地与绿草之间，溪流哗啦啦淌过。清澈湖水中，欢快小马驹的倒影，突然发出一声欢快的嘶鸣……

如此美景，多彩人生，怎不令人感慨？只要努力向前，走大路、行正道，总会有一片属于自己的广阔舞台，如同这片草原，任由驰骋。

我1995年毕业于南京政治学院的新闻系，此后十多年一直从事新闻宣传工作。来到新的单位中国五矿，在研究部门工作，主要任务是开展行业市场、发展战略、产业经营、商品价格和企业管理等方面的研究，为集团高层提供决策参考，并为公司总裁撰写国际国内重要场合的演讲稿，最关键的是起草每年的《工作报告》。虽说以前也是写东西，可新闻工作的“写”和行业研究的“写”，有着本质的不同：过去主要是纪事写实，现在是针对企业发展中的实际问题，展开调查研究并提出解决方案和意见建议；过去写的东西权且一看，可以一读了之，现在写的东西一经领导认可并讲出来，就要转化为企业战略、经营举措和管理意志，并通过专门的督办执行，来指导企业经营发展实践，事关航母级央企的前进方向和实际效益，“一言兴企、一言误企”，必得尽心竭力、专学精进方可为之。

从新闻学到经济学，乃至企业管理、国际贸易、期现结合等，工作涉及的专业跨度大到令我找不着北，只好一切从头学起，重建知识体系。因而无心照顾股票，干脆就清了仓。

但我对投资市场的关注从未减少，反而不断增加，特别是期货市场。这是因为企业经营商品中有十来个品种都有期货盘，价格波动对经营效益影响非常大，研究商品价格趋势，正是经营业务的需要，我在研究部门责无旁贷。2008 年 9 月，得知公司有两位同事还自己开了交易账户做商品期货交易，立刻吸引了我的注意。当得知我在股票市场小有战绩，他们就让我帮忙看看上海期货交易所铜的价格走势。我当时对期货市场了解有限，几乎是个门外汉，但通过 K 线图作价格分析确实很有经验。

于是我仅就图形做了技术层面的预估，判断当时的图形为：跌破高位大三角形（如图 1），预示着中长期下跌的开始。

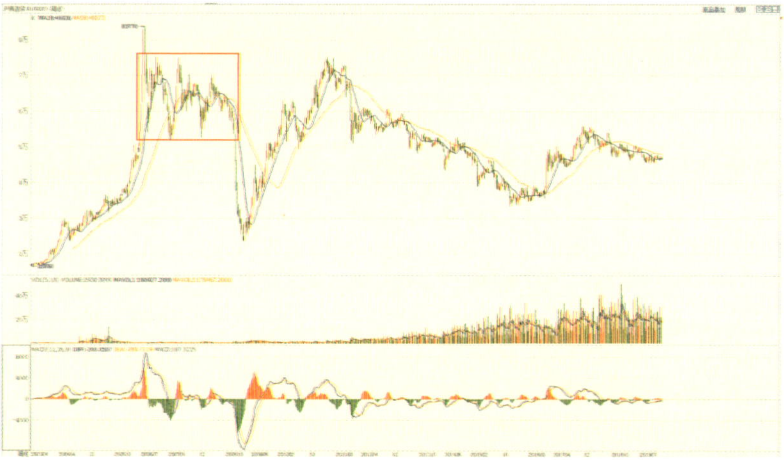

图 1：沪铜指数周线图，2008 年 9 月，价格突破左侧三角区域下跌

我的预估完全应验，在此后 3 个月，沪铜一路暴跌，从 55000 元跌至最低 22000 元。两位同事是否在这过程中赚到了钱，我不太清楚，不过他们对我连连叹服，并说：“如果我们公司按照你的判断开展套保，今年就能保住大部分利润，巍然屹立于金融危机之中了！”这些话，更进一步强化了我钻研商品期货助力公司发展的责任感。

后来才知道，这俩哥们儿之前刚刚炒过一波“涡轮”，他俩称作“牛熊证”。大概用了不到两个月时间，一个从几十万炒到 500 万。另一位更牛，从 200 万炒到 3000 多万，正在澳洲大堡礁坐游艇，家里兄弟打去越洋电话：“李哥，今天市值超过 3000 万了！”那边淡定回了一句“不急，到一个亿再说”，随即挂断了电话。在给我看沪铜行情的 2008 年 9 月，他们都是刚刚重新回到起点——极速而来的暴富之财，统统又还回了市场。

尽管没保住利润略有遗憾，但两位同事的财富故事，仍深深打动了我。期货也好、窝轮也好，都因增加了大约十倍的投资杠杆，居然能如此快速创造财富，这与股市完全不可同日而语啊！他们两位连 K 线图都没整明白，尚且在短期内赚取几十倍收益，我有多年的投资经验，也有不错的水平，正确判断沪铜下跌这一波如果自己也开仓做空期货盘，怎么也赚个十几、二十倍吧？

身处期货投资局外的我，不仅看到期货市场的大把机会，也看到别人曾经的成功，自忖过去在股市投资的辉煌经历，场外观局的我，早已是信心爆棚。在 2008 年那场百年不遇的金融危机中，某些大型投资机构因看错行情而巨亏几十个亿，那是他们看错做反了，如果看对做准了呢？结果就会完全掉过个儿来。更何况，自己亲身去做、去研究，有了经验还可以给公司发展提供研究方面的支撑，期货这件事，很值得去认真做。

我的内心极度兴奋，跃跃欲试想要投身新的投资市场——期货。

第二节　错失“四字百万”

有些事情只有经历之后，回过头去，在审视与反思中，才能有所感悟，方知当时正在经历的事、面对的人、听到的话，是多么地充满了友善和关切。珍惜当下，珍惜所有投向我们的目光。“悔之晚矣”——不应让它再出现于我们的投资，以及所有的生活。

2010 年 6 月 21 日，周一。我在多次上网查询、电话联系沟通后，来到某期货公司位于北京复兴门附近的营业部，先做开户测试，主要是风险承受能力的评估，工作人员对我过去的投资经历啧啧称赞，然后顺利开立了期货交易账户。

期货营业部的杨总经理，四十五六岁的中年男子，高高的个子，浅色衬衣袖子的纽扣系得很严整。那宽大的老板台上，除了跳动着期货行情 K 线图的电脑屏幕，余下只有一个戳满烟头的水晶烟缸，看盘做期货的人，大概只需要这两样东西？

杨总主动给我递来一支软中华，开始和我这位新客户谈话，有点闲聊的意思，又像是正式的交谈，估计是开户程序有相关的要求。先询问些过往参与证券投资的经历情况，然后问我：“对期货有了解吗？”我表示关注过，也有信心做好。

他笑着点点头：“那好啊，做期货很需要信心，你可以少放点钱，三五万先试试。”

彼时，我完全没有意识到他这简短几句话究竟何其重要！不过事非经过不知深浅，未曾经历如何又能深刻体会？后来栽的跟头多了看到的事例多了才明白，每个进入期货的交易者，无论之前拥有多么优异的投资经历，一般都要先亏损五年以上，才能达到稳定获利，这还算是厉害的主儿。其他大多数，会日复一日地长期亏下去。这样看来，在达到稳定盈利之前，如果保持较低的账户资金，当然就会降低“学习”成本，少亏很多钱。

现在回过头看，如果当时对杨总所说的“少放点钱”这 4 个字言听计从、严格照做，何至于其后连续五年时间里累计亏损上百万？那句简单的话，对我这个期货新手来说，是绝对正确的交易准则，真是“四字百万”。

谈话结束，杨总把他的电脑屏幕扭转向我，告诉我如何下载他们公司的交易软件，并一一介绍了期货软件的交易界面。就在这时，当天的豆粕行情 K 线图令我突然眼前一亮，那完美的底部“岛形反转”形态，明确显示一波上涨正在展开。杨总对我的意见表示赞同，却说了些“小仓位试探不要急”之类半甜不咸的话。我便离开期货营业部，在旁边一家银行开立了期货关联资金账户。当时手上有 20 多万闲置资金，悉数转入了期货账户。

第二天 6 月 22 日，一开盘我就买入做多豆粕主力合约。以前做股票多为满仓进，期货不是要求不能这么满仓干吗？我看看建仓 50 手差不多接近 80% 仓位才收手。当天收盘账户就有了浮盈，第二天继续上涨走势。我看账户已经盈利 10000 多元了，就果断平仓，赚到了期货市场的“开门红”。这笔小赚让我更加膨胀，对未来的交易更加盲目自信，更加掉以轻心。

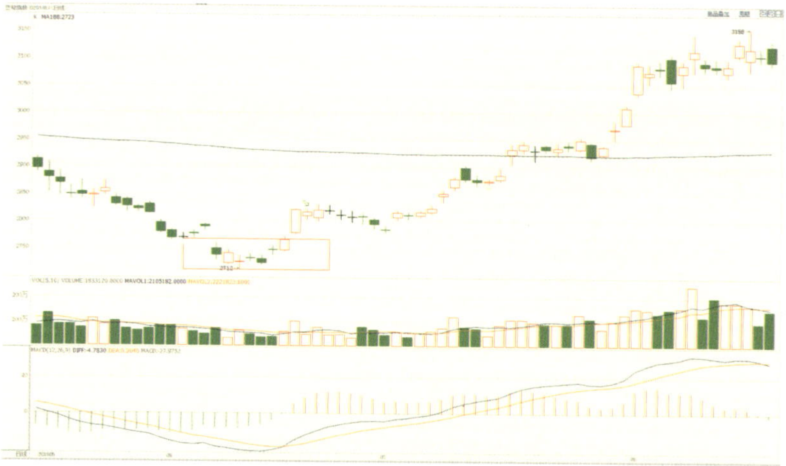

图 2：2010 年 6 月，豆粕期货在底部呈现“岛形反转”，拉开上涨序幕

就在我平仓后连续几天，豆粕期货持续盘整，一个星期后下跌 50 点，几乎回到这一波上涨的起点。这让我不禁后怕：如果我的 50 手还拿着不动，不仅赚不到钱，现在反要倒亏 10000 多元了。然而，正在我惊魂未定之时，豆粕行情再度突然启动，

跳空高开高走，一路绝尘而去。眼见价格一天天上涨，越不敢追，越涨得猛；一旦追单进去，价格稍微一振荡，就会出现上万元的浮亏，只得平仓出局。而每当被它晃下车，价格便又重拾升势，至 2010 年 9 月，涨幅已超过 20%。而在这个不小的上涨行情里，我基本上没赚到钱，大概打平也就不错了。

看对行情却没赚到钱，期货市场让信心满满的我初步感受到了厉害，实际体验到了与股市的迥异。想运用自己在股票市场中的经验，完全复制到期货市场从而获利，这事看来不太容易，过去炒股的那点功夫，都还浅了些。

投身期货市场的期民们，很多都是和我一样在股票市场中获利的股民，股市里做得不错才奔着多空双向交易，期望赚大钱才来做期货。大家普遍习惯性地拿着股票市场的那套经验进行期货交易，基本上都是倍受打击，一再呛水。

第三节　遇伏橡胶“马陵道”

“顺势而为”没有错，但也要踩准行情的节奏。期货是保证金交易，利用的是杠杆效应，输赢比例被放大了大约十倍，所以稍不留心，就会满盘皆输。

2008 年金融危机过后，随着国家“四万亿”政策出台，整个商品市场顿时牛气冲天。行情在 2009 年元旦后启动，一直延续至 2011 年春节前后。其中最惹人关注的明星品种，莫过于上海期货交易所的天然橡胶，我也尝试参与其中。

2010 年下半年起，“四万亿”引发的经济过热已经引起关注，宏观调控政策频繁出台。期货市场同样开始实施降温，上海期货交易所对天然橡胶的交易保证金以及交易手续费都大幅提高。11 月 16 日，上调存款类金融机构人民币存款准备金率 0.5 个百分点，加之天然橡胶前期的政策压力，期价大幅回落。到 11 月下旬，天胶期货出现了近 25% 的跌幅。然而国内外的现货价格并未跟随下跌，很快，期货盘展开反弹，2011 年元旦来临之前，完全收复前期失地，重新展开凌厉上攻。我跟着行情做了几笔，都小有斩获。

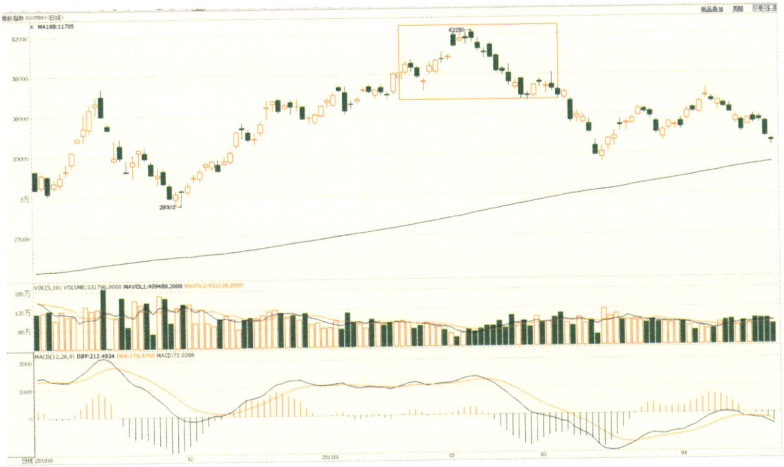

图 3：2011 年春节过后，天然橡胶冲高后快速大幅下跌

春节过后，天胶期货跳空高开，仍然延续强势。

2011 年 2 月 14 日，周一，情人节。早上一开盘，天胶期货再次高开高走，让人感觉似乎又要大涨。我立刻入场，开仓 2 手多单，稍微回调后又补仓 2 手，到了全部资金的 60% 仓位。不料当天几乎所有商品纷纷下跌，市场遭遇“黑色情人节”！橡胶期货盘中也是暴跌，最多比我买入时下跌将近 1000 点。虽然临近收盘时，橡胶期货回升 300 多点，可是一天之内的亏损竟然还是高达 25000 多元。

第二天低开，稍稍横盘一阵便一头向下，眼见比上一日收盘又下跌了 800 个点，账户保证金从十多万下降到不足五万，只好先平仓 2 手。第二天还在下跌，无奈全部斩仓出局。短短三天，累计亏损六万多元，把之前炒橡胶赚的钱全赔回去都还不止。

让人无语的，是在我全部清仓之后的第二天，橡胶期货竟立刻高开 600 多点，我无法眼看行情重起而自己被振荡出局，再次开仓做多 3 手。但是，接下来两天价格却连续暴跌了 2000 点。看看账户资金又亏损了六万多元，我决定再有反弹就平仓出局，别像上次割肉割在地板上。然而一个星期过去，橡胶期货不仅没有出现过像样的反弹，反而又下跌了 2000 点。2 月 25 日，再也坚持不住，认赔 12 万元平仓出局。此时账户已经从 10 天前的 30 多万损失到 10 万左右，亏损超过三分之二。

后面又操作几次，期望在橡胶期货上抢反弹，然而每次都大败而归。到 3 月 14 日，也是操作橡胶期货一个月的时候，我的期货账户中就只剩 10000 多元的本金——仅仅一个月，几乎赔光了 30 万！为什么在股票市场里节节胜利的我，投身期市，竟然如同庞涓步入马陵道，遭到全歼输得这么惨？变化莫测的期货市场，让我如坠深渊，整个人完全懵掉了。

尽管也在不断地反思，可依旧百思不得其解，完全找不到章法，也找不到失败的原因。股市的成功经验、“三足鼎立”的有效方法、“20 分钟交易法”，为何来到期货市场就不管用了？对比期货市场和股票市场，反复研究自己在两个市场中的交易，反复琢磨两个市场的区别，终于悟出一点，那就是：期货市场和股票市场尽管K线图看似一样，却存在更深层次的差别。

作为从股票市场走到期货市场的交易者，我习惯了股票市场的研究模式，关注上市公司的情况，做基本面研究，做基础估值，包括研究市盈率等等，在股票市场，研究了这些后，再结合行情来做，成功概率的确很高。然而来到期货市场，做行情判断，做预测，有时的确也没什么问题，有时也能够判断对，但自己上手去做，结果往往却是亏。

另外，股票市场可以只看收盘结果，它每天有固定的涨跌限度，涨跌超过10%就停盘了，所以即便一天不看，最多也就是10%的盈亏。然而期货不一样，是保证金交易，大部分期货品种的杠杆倍数大概在8到12倍左右。也就是说，杠杆效应放大了大约十倍上下的输赢比例。由于存在杠杆效应，盘中如果出现巨幅振荡，仓位稍微重些就可能会爆仓——亏光保证金。在这种情况下，再按照股票市场的交易方式去操作，肯定行不通。在期货市场，任凭谁也很难不关心市场的振荡。但是对于我这样的期货新手来说，关心则乱，不关心更乱，于是迷失方向，陷入了不知所措。

橡胶期货“马陵道”的当头一棒，让我有一段时间，既不敢操作，也无心看盘，只能天天上网看这样那样的论坛、帖子，寻找“高人”们这样那样的经验。

第四节 重回股市

在期货市场里栽了跟头后，重回股市，看似两边摇摆，实为寻找失去的信心。在期货市场感受切肤之痛之后，希望“回炉”股市，以真正弄懂二者究竟存在什么样的区别，为何股市的方法到期货上就不顶用了。

在期货市场败走“马陵道”之后，为了找回失去的信心，也为了探本求源，我重新拾起自己曾经在股票市场盈利的各种利器，又返回股市。

重新建立自己的股票池，集中关注那些有独立行情的股票。这时候，中信证券（600030）吸引了我，它的形态和大盘明显不同，有自己的独立走势，往往强于大盘。于是，我决定在这只股票上，使用自己的交易系统，进行操作。

前面说过，所谓“三足鼎立”，是当某只股票在三个指标上都指向同一方向时，就可以果断操作。我在中信证券这只股票上，反复操作，屡次抓住时机，进一步验证了自己交易系统的可行性和正确性。特别是 2012 年的年初和年底，中信证券均有一波不错的行情，让我赚回了在期货市场亏掉的那些钱。然而，这也让我更为感叹，股票市场和期货市场看来真的存在本质的不同，以前炒股的方法回到股票市场就好使，而完全照搬炒股的方法去做期货却走不通。

那段时间，因为整个人入魔一般沉浸股票市场，想要迅速从股市中赚回在期货市场中损失的资金，所以我几乎每晚都坐在电脑前，熬夜研究自己的股票池，加之白天上班紧张工作的压力，得不到很好的休息，不堪重负的身体向我提出了强烈的抗议。

2012 年 10 月份的一个早晨，我起床后突然感觉天旋地转，忙去了医院，结果一检查，低压 110，高压 150，体重也达到 85 公斤，医生让我从此开始长期吃降压药。我当时就傻了，怎么可能，我从小体格非常结实，难道如今才刚 40 来岁，今后就与降压药为伍了吗？问医生有什么可以替代药物的治疗方法，医生就给了我一个建议：有可能是“腹胖型”高血压，需要跑步降体重。

于是从第二天开始，我每天早晨无论刮风下雨，都要跑步 40 分钟，晚上基本不吃饭。坚持一个月，我的体重就减了 10 公斤，血压恢复正常。至今仍坚持每天运动，更多时候是打羽毛球。医生本来先开了两个星期的药，让我吃完后视效果再去找他调药，但我再也没去过他那里，高血压已经得到根治。

那段时间的股票盈利，以及战胜疾病，让我重新树立了信心。当然，膨胀肯定是没有了，盲目自信也不存在了，我只是又一次相信，自己只要努力，只要功夫下到，只要做到最好，一定能够做好期货。

通过将期货市场和股票市场进行详细比对，并上网学习、广泛搜集有关资料，我对二者的主要区别有了更清楚明晰的认识：

第一点，二者在品种和数量上就有所不同。期货比较活跃的品种只有三五十个，便于分析跟踪。而股票品种当时有 2000 多种，看一遍都很困难，全部分析起来就更不容易，所以我建立了自己的股票池，只跟踪走势异于大盘、呈现独立行情的股票。

第二点，在资金使用上有很大差别。期货是保证金交易，用 10% 的资金可以做 100% 的交易，资金效应放大 10 倍，杠杆作用十分明显。股票是全额保证金交易，有多少钱买多少钱的股票，不存在交易杠杆。期货更具投机性，有更大的获利空间，也有更大的风险。

第三点，交易方式不同。期货是 T+0 交易，有做空机制，可以双向、日内回转交易。股票是 T+1，没有做空机制。所以我在股票市场里独创的“二十分钟交易法”，在期货市场已经不再是独特优势，而且期货还有很多的高频交易者，如果生搬硬套原来的做法，就可能造成被动。

第四点，参与者不同。期货是由规避现货市场价格风险的生产者、经销商，以及愿意承担价格风险并且获取风险利润的投机者共同参与，多空双方阵营分明，互为对手盘，拉开了架势打仗，是“有我无你”的零和市场。就这一点而言，期货市场注定要比股市凶险得多。

第五点，功能作用不同。期货市场最显著的特点就是具有价格发现功能，其多空双向交易提供给生产商和经销商一个规避价格风险的市场。而股票市场最主要的作用就是融资功能，也就是大家经常说的圈钱，为顺利达成融资目标，上市公司会向投资者讲很多“故事”。

第六点，信息披露程度不同。期货信息主要是关于产量、消费量、主产地的天气等报告，专业报纸也都有相关报告，透明度很高。而股票最主要披露的是上市公司的财务报表，而作假的上市公司有很多，内幕消息众多，更会带来严重的信息不对称。就此而言，期货市场更公平，更难以作假，同时也对能力提出更高要求，需要操作者具备超越别人、超越市场的强大判断力。

第七点，影响期货价格和股票价格的因素不同。期货价格更多地反映对未来市场走势的一种预期，一般情况下，离交割月越近，期货价格和现货价格越趋于一致。而股票价格则主要受股票市盈率、市净率、流通盘大小（供应量）等因素影响，也由资金拉抬的意愿而定，和大盘的走势密切相关。

第八点，风险不同。期货的风险主要来自参与者对仓位的合理把握和操作水平的高低，其高杠杆在价格偏离较大时会带来爆仓风险，因此必须及时平仓退场。而股票虽然准确估值存在困难，但只要不碰ST类股票，哪怕股价跌得再低，也可以继续持有直到业绩好转或者下一轮牛市解套。

……

在认真对比中，我深刻认识到了期货市场和股票市场的区别，更清醒地意识到，各种投资交易都有各自的规律，唯有拼尽全力探索钻研，才能摸得着投资的大门。股票尚且有其自身价值，至少还可以持有以待送股、分红，而期货投资世界永远都是互相博弈的金钱游戏——零和市场。你想赚到的钱来自对手盘，它出自世上那么多的聪明人，赚聪明人的钱，需要付出怎样的努力？达到怎样的水平？

第五节　股指期货“走麦城”

又一次在期货市场中被打败，沮丧不言而喻，但很多有关期货市场的基础理念终于坚定地确立起来。坚毅前进，哪怕失败无数次，也要让所有的失败成为经验的积累，而不是白白失败。

2013 年，我第二次投身期货。拿着从股票市场赚回来的钱，加上一部分的年终奖，一共凑了 50 多万元。

这一次投身期海，皆缘于收到的一条短信。当时我开户的期货公司因为大股东变更，公司更名，营业部也从西城区搬到了海淀区，并给所有的客户都发了一条短信告知此事。

这一次由于我投入资金量达到了开立股指期货账户的门槛，加之对于股市特有的自信，我干脆放弃商品期货，决定只做股指期货。然而，2013 年成为我进入期货市场后最糟糕的一年，又一次将全部投入贡献给了漫无边际的期海。

期货分为商品期货和金融期货。商品期货有郑州、上海、大连三个交易所，标的物为实物商品，比如原油、黄金、白银、铜、铝、白糖、豆油等；金融期货标的物是股票价格指数、国债以及期权等金融衍生工具。而股指期货就是以股票价格指数为标的期货合约，通俗的理解就是以股票价格指数作为对象的价格竞猜游戏，既可以做多，也可以做空，能看准就能挣钱。中国金融期货交易所规定，IF（沪深300）指数每变动一个点位以300元计价，即指数每上涨一个点，多头盈利300元，空头亏损300元；指数每下跌一个点，空头盈利300元，多头亏损300元。

这个300元/点叫价格乘数，目前全世界有几十个国家有股指期货，价格乘数各不相同。国内有三种股指期货合约，分别为沪深300股指期货IF，上证50股指期货IH，中证500股指期货IC，指数涨跌一个点分别对应300元、300元、200元。

股指期货与商品期货的不同，很大程度上体现在股指期货的波动幅度通常会大于商品期货。以IF指数为例，每天波动50—100点都算家常便饭，所带来的财富效应自然也要大于商品期货。当然，有赚就有亏，风险也要超过商品期货。

期货市场是残酷无情的，多头、空头相互赚对方的钱，你在期货市场里所赚到的钱，一定是别人亏掉的。也就是说，你所赚到的钱，等于从别人口袋里掏出来装进了自己的口袋，只不过这只抓钱的手，不是你的手，也不是对方的手，而是期货市场交易规则这只无形的、莫测的、无边无际的大手。如果真的有人在期货市场里赚得盆满钵满，那么必定是“一将功成万骨枯”，其背后必然有大量的“牺牲者”，正如秦国大将白起被尊为“战神”，却也被称之为“人屠”。

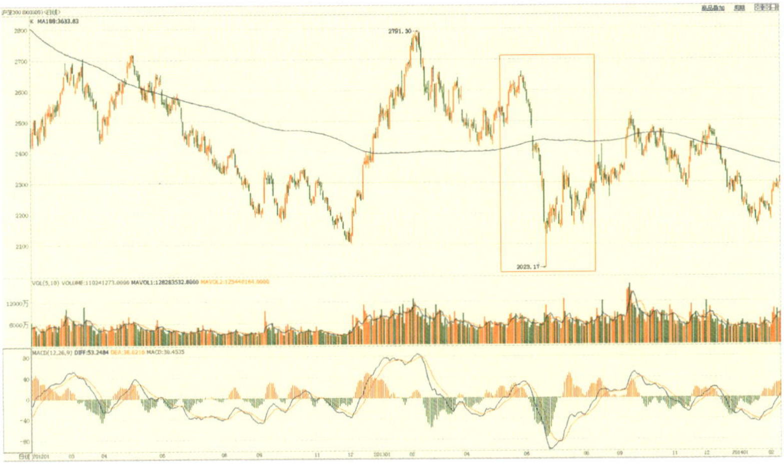

图 4：2013 年六七月间，股指期货 IF 合约展开大幅波动

很可惜，我非股指期货的战神，在股票市场投资的成功，并没有延续到股指期货的交易，而是重蹈之前期货交易失败的覆辙，在一次次的亏损过后，折戟沉沙“走麦城”，亏掉了几乎全部本金。

2013 年 5 月，沪深指数经过两个月的上涨，带动了不少人气。虽然略有盘整，但在“五一”过后重拾升势。我在 5 月下旬于 2600 附近开仓股指期货 IF 合约 4 手多单，股指两三天后就上涨 50 多点，我的 4 手多单盈利 200 多点获利超过 6 万元。面对 12% 的浮盈，我忍住没有平仓。但是，行情很快发生逆转，指数在 6 月初的一个星期里（如图 4 红框内），就连续下跌了 120 个点。眼看亏损不断扩大，我只好忍痛平仓出局，亏了 14 万。

如果算上之前本已赚到的6万，里外里几天之中就损失掉20万。

这次受伤还没恢复元气，7月初又经历最悲催的一次暴虐。那天我一早开仓，上午忙了一上午工作，中午吃饭遇到朋友多聊了几句没看盘，不料午盘13：00开始后仅仅20多分钟，指数竟然狂涨130多点，令我的2手股指空单亏掉将近8万元。那一刻，我气得头都要炸裂，期货这把残忍的刀子，就这样凶狠地刺在身上、扎在心头！

没有别的出路，只有继续分析、计划、复盘，在失败的痛苦中反思，在挫折中一次次站起来，顽强走下去，将所有失败中得来的理念和教训积累起来，努力让它们成为向前迈进的“拐杖”。

吃一堑，长一智。2013年，我在期货市场损失惨重，沮丧不言而喻。但是很多有关期货市场的基础理念、交易思想，也是在那一年逐步得到完善。

神枪手都是子弹堆出来的，操盘手都是亏钱亏出来的。

第六节　期货公司的“最重要客户”

连续亏损、迷茫之中，陷于情绪化交易，是期货交易难以打破的魔咒。频繁操作，疯狂而无序，最多时一个月内交易多达 300 余次，五十万资金账户的月交易额高达 1.2 亿，竟然成为期货公司的“最重要客户”。

虽然在遇伏橡胶“马陵道”之后，我曾经仔细研究了自己在股市一做就对，在期市一做就亏的原因，明确了期货市场与股票市场的区别和联系，也清晰地认识到，绝不能照搬股票市场经验进行期货操作。不过我还是想当然地以为，虽然我在商品期货上找不到北，也许可以在紧密联系股票市场的股指期货中有所收益。毕竟股指期货是通过套期保值来为股市避险，它和股票市场的变动息息相关，既然我对股票市场还算了解，应能够相对准确地把握股指期货，那么操作起来，应该也不会太难。正是这种思路，让我在股指期货上，一再被打击。

殊不知，股指期货属于金融期货，说到底还是期货，它和股票市场虽然密切关联，但是它的波动和走势，与股票市场仍然是要区分开来。股票都是死多头，而股指期货市场中多空各有，股市、期货两个市场分别运行、各自循环。股指期货的多空并不构成股市涨跌的直接原因，被抛售的股票只要有新进场资金接手，股价就能维持不跌；股价的涨跌哪怕使得成分指数发生变化，但如果股指期货多空双方都按兵不动，那么，无论IF、IH，还是IC合约，都将不会发生价格变化，因此才会有不同月份合约的不同价格，而没有一概看齐到成分指数上去。而我之所以“败走麦城”，很大程度上是因为犯下了外行错误，片面认为股市和股指期货是完全联动的，因此被股指期货不断地“教训”。

一再败北，四顾茫然。打电话给期货营业部，询问他们是否能够提供专业的指导。营业部告知我，他们定期召开市场分析报告会，十分欢迎我去参加。至今我还记得，2013年底，我很“光荣”地应邀出席了期货营业部召开的客户年会，领取了纪念品，还收到营业部发给我的感谢信。现在想起来，当时不过是因为我贡献了太多的手续费，所以营业部才理所当然地把我看成了“最重要客户”。

2013年，在股指期货“败走麦城”的过程中，我竟然用五十万的账户资金，在一个月的时间里，来回不断地操作，不断地开仓平仓、进场出场，一个月内进出多达300余次，总交易额竟然达到1.2亿，单单手续费就给期货公司贡献了20来万，足见当时交易的疯狂和无序。我迷茫困惑，也深感自责。有时候禁不住捶胸责问自己：为什么进入最需要理智和清醒的期货市场，反而愈发理智不起来？为什么能够克服一次次失败带来的沮丧，却不能从容面对行情与价格波动？

尽管操作股指期货一败涂地，参悟股指期货“败走麦城”的原因花了很多的时间和心力，但我对期货市场的思考和认识，已经开始更加深入地展开，越深刻、越触及本质，对期货市场也就更加地心生敬畏。

缚龙射虎，岂能以寻常等闲的态度和标准来对待？

第七节　感受投资：交易是一门实战功夫

在期货市场一再呛水后，我意识到生而为人，有自己的责任，决不可如此任意擅为，任由自己在期货市场中“胡作非为”。只有时时小心翼翼，不被期海淹没，才有可能在期海里守住“身家性命”；只有练成超凡武功，才能成为那万分之一的成功者。

从2010年期货开户，遇伏橡胶“马陵道”，到2013年股指期货“走麦城”，在期货市场中一再呛水，这让我从股市的得意忘形、自信膨胀，一步步被动地学会了谨慎小心、如履薄冰。

生而为人，都有自己的责任，对自我的责任，对家庭的责任。在期货市场一再亏损本金，让我的内心对自己、对家庭，都充满了愧疚，也才真正明白“投资有风险，入市需谨慎”这句最平实却也最重要的提示。也许和我一样，所有的投资者，要想真正明白这句话，都必须亲自经历投资风雨的洗礼。投资并不是一件容易的事情，需要专业的知识、专业的理念、专业的技术、专业的体系、专业的训练。投资绝无可能一蹴而就，决不可以投机取巧。投资随时可能让你痛不欲生、倾家荡产。

在全球市场上，最有名的股票先驱利弗莫尔，这么个天才的交易家，在过去100年中，是华尔街无可回避的人物，这位被称为“百年美股第一人”的资本市场传奇人物，前无古人，后无来者。数次从股票上东山再起，把几万美元炒成上亿美金，然后每次破产都是栽倒在投资市场上，最终用一颗子弹结束了自己的生命，可见投资交易风险之大。

曾经信心满满，也曾以为自己历尽千帆，学习了那么多知识，研究了那么多的交易技术和交易系统，总觉得自己距离光明不远了。事实上，那个阶段，虽然我初步认识了期货，并且已经被期货市场屡屡教训，但事实上还是在期货的大门外转悠，连期货的大门都还没有找到。

如果没有体系化的交易思想和相应的投资策略，没有一致性的交易系统和计划方案，没有合理的头寸管理和盘间执行，没有冷静沉着的心理素质，随时可能被期货市场消灭。无论凡人还是天才，概莫能外。投资交易，不仅是一门专业学问，更是一种功夫之道。期货与股票，都是如此。

遍观百行百业，岂有不懂专业随便入行做事的？比如你想要做主刀医生，就要上五年本科，再读三年硕士，然后还要有两年的临床经验，历经十年磨炼专攻，才可能成为主治医师、主刀大夫。可是在投资市场，中国结算最新数据显示，截至

2019 年 3 月末，沪深两市投资者人数达 1.51 亿，其中有多少人经过了专业的学习和训练？这又何尝不是大多数投资者注定会亏损的原因？

要想不被投资市场吃掉，成为好的投资者、长期持续盈利的投资者，必须要按照“专业化”的要求去学习实践。而真刀真枪投资市场的“专业化”，又不同于学院里学到的教科书知识，那只是帮助投资者搭建投资交易的专业框架，还不是实战招数。试想一下，如果金融、投资、证券专业的毕业生按照所学知识去做实际投资交易，能有半数（哪怕两三成）成为长期稳定盈利的操盘手，大学的其他专业还会有人去读吗？

投资交易是一门实战功夫，而书本中得来的只是拳脚套路。

在波谲云诡的期货市场上，操盘高手都是在交易实战中“野生”的。想做一名成功投资人，跑不出两条路：一是高人引领，要么老子带儿子，要么师傅带徒弟；二是自我修炼“无师自通”，需要品格坚毅，且有超越常人的学习、思辨能力，反思、纠错的超强悟性。

操盘交易不仅是一门专业学问，更是一种“道”、一种“武功秘笈”。

太极拳，普通人练上一辈子也只是花拳绣腿，而陈氏祖谱中的传人却因习练内传功法，个个武功高强。

再看书法，唐代之前书法之笔法像武功秘笈一样，讲究传承，皆为师徒“口传手授”，甚至家族内传，外人难求。这也就有了钟繇向韦诞借蔡邕书法《笔论》，谁知韦诞到死也不肯，并带着随葬，气得钟繇掘了他的坟。由此足见在古人心中，笔法的重要地位。自古真正书法名家凤毛麟角，而晋唐年间却汇聚了王羲之、王献之、智永、虞世南、欧阳询、褚遂良、张旭、颜真卿、柳公权、怀素等众多不世出的书法宗师，皆因传承有序、得道而成。唐之后经历五代十国之战乱，古代笔法失传，后世书法名家渐稀。

唐人张彦远，出生于世宦书香之家。高祖张嘉贞生平喜收藏书画，善书法，尤长于大字。曾祖张延赏雅善书画，人称“妙合钟（繇）张（怀瓘）”。祖父张弘靖书体三变，时为所称，喜藏书法名画，轴帙满架。自高祖至祖父，一门三代都官至宰相，时号“三相张氏”。张彦远“自幼及长，习熟知见”，本人又是著名的书画收藏家，著有《历代名画记》《法书要录》《彩笺诗集》《三祖大师碑阴记》《山行诗》等。其书论《法书要录》中谈道：

“蔡邕受于神人而传之崔瑗及女文姬，文姬传之钟繇，钟繇传之卫夫人，卫夫人传之王羲之，王羲之传之王献之，王献之传之外甥羊欣，羊欣传之王僧虔，王僧虔传之萧子云，萧子云传之僧智永，智永传之虞世南，世南传之欧阳询，询传之陆柬之，柬之传之侄彦远，彦远传之张旭，旭传之李阳冰，阳冰传徐浩、颜真卿、邬彤、韦玩、崔邈，凡二十有三人。”

这里讲蔡邕从神人处获得笔法，显然是有一种迷信色彩，但有一点十分清晰：笔法秘要是流传于豪绅巨贾或者达官显贵之中的，外人很难获得。

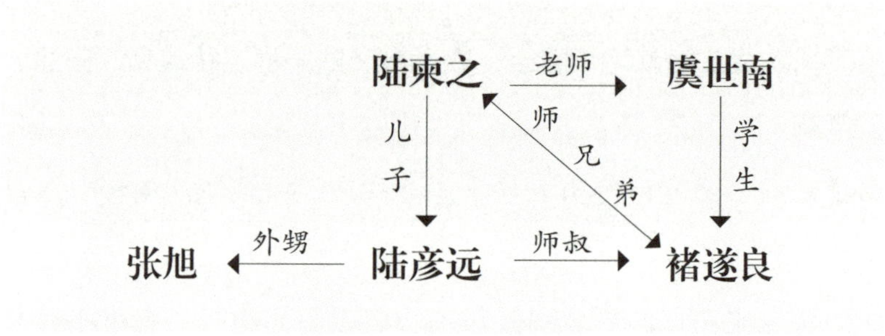

图 5：中国书法传承图谱之局部

世间事，皆有道。一个普通的投资者，哪怕是著名院校的科班出身，也需要重新学习投资交易的实战之道。投资没有捷径，也绝不可能轻松取得成功。凭一己之力欲取得正果，不仅需要付出加倍之努力，还需要一点点上苍赐予的运气，方能顿悟开天眼。

“取法乎上，始得其中；取法乎中，只得其下”，投资交易中要成为极少数的“上者”，方能长期持续盈利。投资如此，做好世上任何一件事也是如此。尤其是人人追捧的美事儿，更是难上加难，不付出超过别人几倍、几十倍的努力，怎么可能轻易得到？加油啦！

第三章

挣扎：投资“炼狱”

回看投资之路，分明有座“炼狱”卡在当道。没有人能够不经“炼狱”中淬火修炼，就立地成佛而功成。知，而后行，是投资交易的一般规律。“炼狱”——就是一个“对错不知、有知不行”的必经过程。

投资的“炼狱”里，没有方向、没有道路，处处陷阱、时时挨打，只有无边无际的漆黑，累月经年的煎熬。在这里，要长期面对受虐、心痛、迷茫和无助，一再经历指责、懊恼、崩溃与忏悔。在被摧残得体无完肤、身心俱疲、痛不欲生之时，唯有信念支撑深陷囹圄的自己，去探寻“炼狱”之墙，找到它的边界，摸向光明之门，从投资的炼狱突围。

第一节　百转千回无路，何处是宫墙？

由于“对错不知”，缺乏一致的判断和执行标准，致使操作思路紊乱，进退没有章法，莫名其妙地亏损，也莫名其妙盈利。

“炼狱”中最难以忍受的，是你原来曾经赚钱的方法逐一失灵，而摸索寻找来的新方法又始终不能稳定盈利，经常会连续小赚几笔，紧接着就亏一次大的，跌跌撞撞一圈，又回到原点。资金曲线呈现长期稳定下行。

有段时间，我专注于甲醇期货。这个品种相当活跃，几乎每天都有20多个点的波动，对于一个价格刚刚2000多元的品种，这样的波动幅度已是相当可观。要知道，1%的波动幅度，加10倍杠杆，可就是10%的利润空间。哪怕每天仅仅把握1%的利润，每周收益超过5%，结果也是极其惊人的——一年十倍。

按照这样的日内交易思路，我提前做好交易计划，期望盘中把握住20个点左右的波动去获取那1%的利润。问题在于，可能连续实现了三五天的盈利，但突然会有一天，盘中一次猛然拉升或者突然暴跌，让前面几天的利润顷刻间化作乌有，甚至在不断补仓中造成一次巨亏。

	1%	2%	3%	4%	5%	6%	7%	8%	9%	10%	11%	12%	13%	14%	15%
1	1.010	1.020	1.030	1.040	1.050	1.060	1.070	1.080	1.090	1.100	1.110	1.120	1.130	1.140	1.150
2	1.020	1.040	1.061	1.082	1.103	1.124	1.145	1.166	1.188	1.210	1.232	1.254	1.277	1.300	1.323
3	1.030	1.061	1.093	1.125	1.158	1.191	1.225	1.260	1.295	1.331	1.368	1.405	1.443	1.482	1.521
4	1.041	1.082	1.126	1.170	1.216	1.262	1.311	1.360	1.412	1.464	1.518	1.574	1.630	1.689	1.749
5	1.051	1.104	1.159	1.217	1.276	1.338	1.403	1.469	1.539	1.611	1.685	1.762	1.842	1.925	2.011
6	1.062	1.126	1.194	1.265	1.340	1.419	1.501	1.587	1.677	1.772	1.870	1.974	2.082	2.195	2.313
7	1.072	1.149	1.230	1.316	1.407	1.504	1.606	1.714	1.828	1.949	2.076	2.211	2.353	2.502	2.660
8	1.083	1.172	1.267	1.369	1.477	1.594	1.718	1.851	1.993	2.144	2.305	2.476	2.658	2.853	3.059
9	1.094	1.195	1.305	1.423	1.551	1.689	1.838	1.999	2.172	2.358	2.558	2.773	3.004	3.252	3.518
10	1.105	1.219	1.344	1.480	1.629	1.791	1.967	2.159	2.367	2.594	2.839	3.106	3.395	3.707	4.046
11	1.116	1.243	1.384	1.539	1.710	1.898	2.105	2.332	2.580	2.853	3.152	3.479	3.836	4.226	4.652
12	1.127	1.268	1.426	1.601	1.796	2.012	2.252	2.518	2.813	3.138	3.498	3.896	4.335	4.818	5.350
13	1.138	1.294	1.469	1.665	1.886	2.133	2.410	2.720	3.066	3.452	3.883	4.363	4.898	5.492	6.153
14	1.149	1.319	1.513	1.732	1.980	2.261	2.579	2.937	3.342	3.797	4.310	4.887	5.535	6.261	7.076
15	1.161	1.346	1.558	1.801	2.079	2.397	2.759	3.172	3.642	4.177	4.785	5.474	6.254	7.138	8.137
16	1.173	1.373	1.605	1.873	2.183	2.540	2.952	3.426	3.970	4.595	5.311	6.130	7.067	8.137	9.358
17	1.184	1.400	1.653	1.948	2.292	2.693	3.159	3.700	4.328	5.054	5.895	6.866	7.986	9.276	10.761
18	1.196	1.428	1.702	2.026	2.407	2.854	3.380	3.996	4.717	5.560	6.544	7.690	9.024	10.575	12.375
19	1.208	1.457	1.754	2.107	2.527	3.026	3.617	4.316	5.142	6.116	7.263	8.613	10.197	12.056	14.232
20	1.220	1.486	1.806	2.191	2.653	3.207	3.870	4.661	5.604	6.727	8.062	9.646	11.523	13.743	16.367
21	1.232	1.516	1.860	2.279	2.786	3.400	4.141	5.034	6.109	7.400	8.949	10.804	13.021	15.668	18.822
22	1.245	1.546	1.916	2.370	2.925	3.604	4.430	5.437	6.659	8.140	9.934	12.100	14.714	17.861	21.645
23	1.257	1.577	1.974	2.465	3.072	3.820	4.741	5.871	7.258	8.954	11.026	13.552	16.627	20.362	24.891
24	1.270	1.608	2.033	2.563	3.225	4.049	5.072	6.341	7.911	9.850	12.239	15.179	18.788	23.212	28.625

图 6： 复利计算表

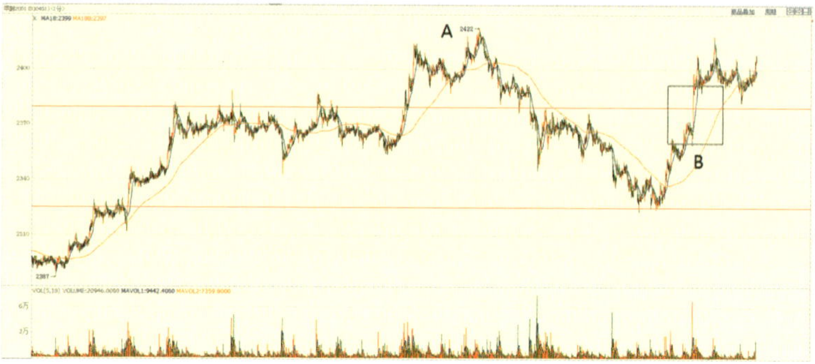

图 7：甲醇失败的“头肩顶”走势

如上图 7，根据区间形态判断，甲醇在突破区间上行至 A 位置后，重新回到前期振荡区间，并有低点出现，在反弹至 B 点再次碰触区间上沿时，可按照“头肩顶”形态入场交易做空。可是实际结果呢？期价在反弹至 B 点后并没止步，而是继续快速上行。此时，若以为价格只是虚假向上，误判后续会很快回到“右肩”之下，就会继续增加空单持仓量，悲剧就此发生！价格从建仓之初的 2370 之下继续强势上行至 2420，导致此笔交易重仓亏损近 50 个点，它带来的损失绝不止 1%，甚至达到 10% 以上。真的是辛辛苦苦几十年，一夜回到解放前。

在实际交易中，赚小钱、亏大钱的情况一次次重复出现，只能说明一个问题：方法不对，只不过前期使用这样的错误方法，小小赚了几笔钱而已。

在教训中得到经验，总还算有所收获，失败是成功之母。

最让人扼腕叹息的，是当时已经正确的方法，却因几次连续的亏损，而被自己无情地抛弃掉了！今天回过头去看，如果当时持续那样的操作方法，一直不怀疑、不放弃，将会大大提前好几年脱离“炼狱”之苦。可惜，当时身处“炼狱”之中，没有标准、没有指引，因此哪怕已经误打误撞，获得了正确的交易方法，却浑然不自知，竟与光明擦肩而过，不止一次地错失良机，也错失光明。

已经摸对路子，却又调转方向走往岔路，盖因正确的做法依然可能连续亏钱。人人都是来赚钱的，于是会认为亏钱就证明了方法的错误——以是否赚钱作为投资交易中判断对错的标准，应该没啥问题吧？实践是检验真理的标准，而且是唯一标准，不对吗？事实上，这样在期货市场是存在问题的。

当时并没有意识到判断交易方法对错的标准出了问题，觉得不挣钱就是错，错了就应摒弃，再去找新的交易方法。而无数个日夜辛苦钻研后，所得到错误的交易方法你可能如获至宝；极其难得寻找到了正确的投资策略，竟再次遭到丢弃。数月，几年，甚至更长更艰辛的跋涉，这样的探索一直在持续，摸索前进一直也没有止步……

停下来，就意味着放弃，就意味着承认败北。

而向前走，却又漫无目标，无所凭借。

你甚至怀疑，还能否取得成功。

你感到空前的无助，究竟怎样做，才能到达成功彼岸？

面对无边的迷茫，怎样做才能算作是正确？

投资交易成败的标准又在哪里？

内心清楚地知道，回答不了这一连串的问题，投资注定是盲目的，永远不可能取得成功。可我真的解答不了，又心有不甘地坚决要走下去。

百转千回无路，何处是宫墙？

第二节　一再受“凌迟”

阴森恐怖的期货“炼狱”中，要遭受的代表性酷刑首推“凌迟”。一刀刀的割肉，那种痛，没有经历过的人想象不出，期货市场的投资人，几乎无一例外都要经历。死过去活过来，一遍遍“凌迟”。

何为凌迟？即民间所说的“千刀万剐”。凌迟刑最早出现在五代时期，正式定为刑名是在辽，此后，金、元、明、清都规定为法定刑，是一刀一刀肢解犯人的死刑，多者要用3000多刀，且直到最后一刀，罪犯还都是活着受刑，无比残忍。

投资炼狱，就是一次次被期货市场“凌迟”的过程。以致如今，有人问我期货怎样做，我总是回答：“投资需要专业的人去做，除非你立志要做投资家，否则不必要自己去做。”我并不是反对大家做期货，而是做好期货的确非常艰难，要被一遍遍凌迟，真的是一刀刀地割肉。炼狱之路血淋淋，那种痛，那条路，没有经历过的人想象不出，经历过的人不堪回首。

期货市场中，割肉之切肤疼痛，一连串的小亏致账户一步步缩水归零，大体因“凌迟八法”。

一是误判凌迟。正常的止损无可厚非，而很多时候，投资者往往由于止损价位设置不合理，导致在一轮振荡行情中，反反复复经受多次止损，挨了很多不该有的刀剐之痛。

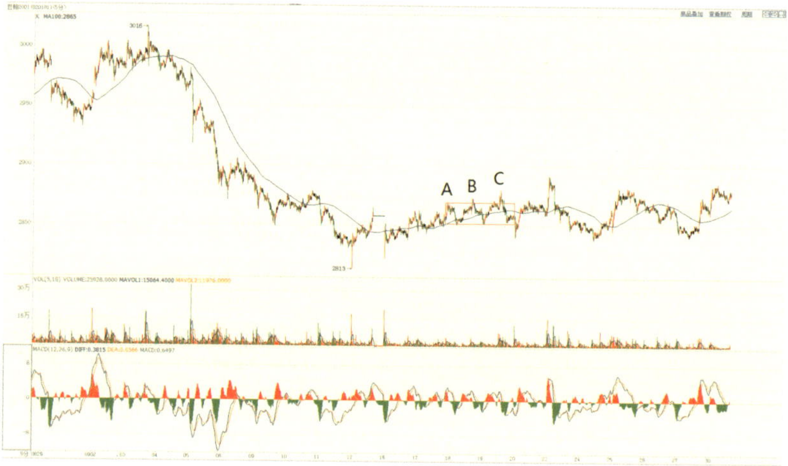

图 8：豆粕期货 5 分钟走势图

A、B、C 处分别是 2870、2875、2880 点，而前期振荡之高点为 2860 点。短线如果以 2860 为高点入场做空，止损设置 10 个点，则会连续止损 3 次，累计亏损 30 个点。而行情却在每次止损后迅速下跌，眼看一天内三次挨刀“凌迟”。若能增强大局观，适度放大止损空间，会发现当前振荡区间应为 2840—2900，A、B、C 三处做空思路可行，但要耐心等待，轻仓操作，累计有望获利将近 100 点。

仍以图 8 为例，如果错误地认为前期高点 2860 为区间上沿，越过2860就追高买入做多，在A、B、C三处都有进场机会。可是，后续行情很快拐头而下，回到2860之下就面临止损、割肉，三次“突破”追高带来的必将是三度割肉斩仓出局。又挨三刀。

对止损设置的功能作用要有清晰认识：最重要目的是为资金账户提供最后一道防线，确保不发生颠覆性亏损，而非仅仅对投资交易过程中的价位判断提供保障。因此，设置止损价位，要依据资金账户能够承受多大的亏损比来设定，而不是首先考虑突破预判价位多少就止损离场。这两种思路，看似最终的执行都要落实在价位之上，但直接按照价位设定止损点，与依据账户安全度设置止损点，有着本质的区别。体现在结果上，就是你的止损有没有合理性。这也是为什么仓位轻重不同，会有不同的止损容忍度。

二是追单凌迟。总担心市场的大船撂下自己驶离远去，看到上涨就追高买入，看到下跌就追空杀跌。而市场很快回调，又生怕被套牢在最高点“山顶站岗”，生怕被踩在最低点“海底打桩”，只好割肉出局——市场每天都要振荡、时时都在波动，如果认识不清振荡和波动，轻易入市交易怎能不亏？

三是逆势凌迟。认为市场涨太多、跌太狠，已经到了顶或底，一次次“摸顶”“抄底”，却一次次“摸”在半山腰、“抄”在下坡道，不断为市场趋势当炮灰。这种情况关键是没有充分认识什么是“势”，怎么做到“顺势”。

四是错步凌迟。在市场形成上涨趋势时，跟不住行情，遇到回调就平仓，一旦再起又追进，遇到回调又平仓……总也跟不对步点，眼看一轮大牛市，别人赚得盆满钵满，自己却无法盈利且一个劲儿亏钱——典型的“追涨杀跌”。

五是怯战凌迟。“想盈怕亏”，太怕亏。手中握有仓位，感觉市场要涨。可它就是迟迟不动，在那里上上下下地晃，忽然之间眼看要从整理平台跌落，担心啊，吓得赶紧平仓出局，而行情居然就在这一瞬间飞跃而起，一路高歌猛进。肠子都要悔青。

六是犹疑凌迟。本来看好的走势，却和预期不符，就在止损位置上下波动，幅度也不大，平仓出来？生怕行情跑掉，白白止损“冤枉”了自己，那就等等看，甚至挪动一下止损位，让它碰不着。可是，市场它却总是这样事与愿违，最终选择了与开仓相反的方向，追着你的止损价位跑，只有割下一大块的肉。唉，早点出来好了。

七是任性凌迟。什么机会都当作自己的机会，恨不能一刻不停地赚钱赚钱赚钱，什么行情都去干，什么品种都敢做，什么方法都想试，什么指标都要用，东一榔头西一棒槌，欲望冲天，直杀得昏天黑地，到头来落得个四处碰壁、头破血流。

八是过劳凌迟。一直在盈亏的边缘徘徊不前，不是考虑如何做减法提高稳定性，而是渴望“下一笔”盈利，因而一个劲地提高交易频率、增加交易次数，不断加大“劳动强度”，可期货市场区别于其他所有行业，就是绝非多劳多得。由于盈利与亏损相抵后，仍然不能覆盖掉手续费、印花税等交易成本。周末、月底回头一看：账户资金正在被这各种各样的费用一点一点吞噬。

其实还不止这些，期货投资市场上，亏钱谁都不愿看到，但避免亏钱、保护账户不受损，却并非那么容易。那就只有赚钱，可越是想着赚钱，偏偏越是难以赚钱。

第三节 无情遭“烹杀”

一刀一刀被割肉，直到流光最后一滴血，谓之“凌迟”。顺风顺水、得意洋洋之际，突然之间遭受重击，形同被活生生扔进油鼎“烹杀”，其残酷程度比“凌迟”来得更甚、更狠。

重仓暴亏带来巨大伤害，那种滋味，无异于跳进热油鼎中遭受“烹刑”。

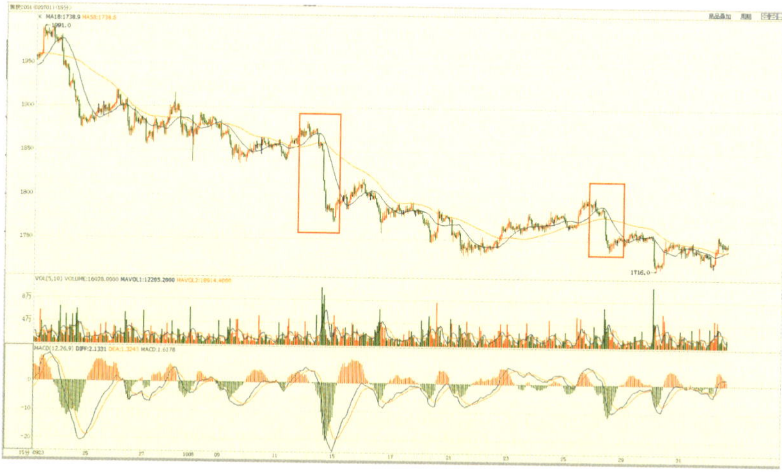

图 9：焦炭期货在两个红框中，均线系统多头排列情况下，突然大幅暴跌，重仓者必遭“烹杀”

而“烹杀”的方式也大致相同：都是重仓交易，都不肯轻易认输，甚至亏损了不是考虑止损，而是进一步加大杠杆“补仓”。直至硬扛到账户资金用尽，亏损不断加大，眼见就要爆仓，才万般无奈之下痛心平仓退出。

相对于“凌迟”专门针对初入炼狱的新手，“烹杀”往往教训期货投资中有一定经验的老手，甚至是多年持续盈利的高手。任你是冠军还是知名大咖，稍不谨慎，就可能被“烹杀”，且往往一战失利而账户爆掉，严重者永无再见天日之时。类似的实际事例，到网上随便一搜也能看到不少。

——曾经的“玉米王中王”，做玉米从2040满仓做多，加5次保证金。一直做到1708止损，刚止损马上就反弹，气得卧床不起。

——曾经有人号称“期货基本面的特级大师”，在2008年初的时候分析基本面认为豆油“过分”上涨，便重仓以10036做空一直空到13800止损，输得流浪他乡，杳无音信。

——曾经的“长线是金”狂人，声称只要一手玉米，就可拥有整个世界，在2008年7月份从玉米最高价1980重仓做多，中间加了13次保证金，一直多到2008年12月份的1470止损，一战输光本金。

——曾经将“五万变千万”的期货怪才，称自己从闪电图上探索到期货盈利真谛，做铜屡创佳绩，“日赢五万，家常便饭”，于是天天满仓进出，最终在铜的一波大起大落中被左右掌嘴，从此再无踪迹。

——某位独创“幽灵操作法”的顶级炒手，一时间取得丰厚回报，一帖“我完全不懂很多人为什么会亏钱”，更让他在期货圈几乎名满天下。无限的自信给这位灵王带来了一失足成千古恨的下场：在2008年9月份，以21000的价格重仓做多天胶，持仓两天，一不小心来了两个大跌，但灵王自信还能大涨，后来的金融危机爆发又足足出现连续五天的跌停，把他打回人类原形，从此跌落天堂不碰期货，重回工薪人间。

——“期货烹饪王”，上世纪末上海某最高大厦一级厨师，后来接触期货，认为炒小菜不如炒期货，就拿了当月工资入期市，自言做期货若烹小鲜。以他调油盐酱醋之水平，小心翼翼地出入滚打，雪球越滚越大。随之而来的是胆大心高，贪心一发膨胀不可收拾，在大豆和白糖上一个劲地跌了加多仓，再跌再加仓，就是不止损。最后，一切化为灰烬，万籁俱寂，最高大厦重现此位顶级炒手——炒菜的高手。

来到“斑斓期海”，听到看到见识过这样那样的高人，人人走出来都是一把辛酸泪。只有告诉自己：没必要再为受“凌迟”遭“烹杀”而太过神伤，毕竟世界浩瀚，期海无涯，没有人可以帮你，只有靠自己一步步走出炼狱。

而市场永远正确，它在“烹杀”之时，也会传授很多有用的东西。

在期货市场顽强地活着、坚持着，支撑下去就有希望。

尽管走出炼狱遥遥无期，既然选择了这条路，哪怕跪着走，也要拼杀出去！

第四节　明知对与错，奈何做不到

人性的弱点，让人“知而不行”，明明知道什么是错，却一而再，再而三地重复去犯；明明知道什么是对，可就是临到关头怯懦退缩，眼睁睁痛失良机——“知行合一”，何其难！

最优秀的战斗机飞行员，在五倍以上重力的过载情况下，也会出现操纵困难。十倍重力是人类身体所能承受的极限。在期货市场十倍金钱杠杆的心理重压之下，以往的行为习惯会完全左右交易者在实盘中的操作——就算已经明白什么是对的，也难以做到，总是做错。当看到操作亏损时，明明知道应当止损，但就像被鳄鱼咬了手，不舍得砍掉，虽然心里也知道，不砍掉手，就有可能被鳄鱼吃掉整个身体；就算明确地知道什么是错的，也无法约束自己不去做。

几乎每一个投资人都有过这样的经历：哪怕模拟交易做得再好，一旦进行实盘交易，立马动作变形，导致计划作废，事先定下的交易纪律形同虚设。这充分表明人性对于投资交易行为产生了巨大影响。

在欧洲有一个关于“点石成金”的民间传说。有个欧洲王子，得知有一块黑色的石头，只要用它“点”过、敲击过的石头，就会变身为金子。这块神奇的“点石成金石”，与普通石头不同之处是它温度较高，摸上去会很热。王子于是走遍天涯海角，寻找这块奇石。终于有一天，他得到藏宝图，确定这块“点石成金石”就混杂在黑海边的黑色乱石堆里，于是就坐在石堆前，挨个翻找，拼命要找到这块石头。

为了不使摸过的和没摸过的黑石混在一起，他就拿起一块石头，摸过，不热，就扔进黑海。又拿起一块，还不是，又扔进黑海。就这样，他找了一天又一天，扔了无数块石头。十年后的一天，终于找到一块和别的石头不一样的、散发着热量的黑色的石头，他心里兴奋不已，知道这就是自己千寻万找的“点石成金石”。令他意想不到的是，他的手居然又一次把这块“点石成金石”，扔进了苍茫的黑海之中。

长期形成的行为习惯，力量太过强大，让王子最终与“点石成金石”失之交臂。习惯来自无数次重复、固化的动作，而其根源则是一个人对世界的看法、认识和态度。从根本上说，习惯决定于长期形成的做事原则、标准、风格，是人生观、价值观、世界观的范畴。有什么样的“三观”，就有什么样的处事方式，进而形成什么样的行为习惯——这个习惯最终会影响甚至决定最紧要事情的结果。

习惯，在关键时刻会带来完全与预期、与计划、与设计相左的结果。明知对错却难以做对的原因，就是高倍的金钱杠杆全面激发出人性潜在的弱点，驱使人们表现出不符合投资市场要求的行为，当操盘交易的重要时刻来临，“欧洲王子”式的习惯，总是抢先支配和主导投资者的行为，大脑完全指挥不了你操盘的手，所以才会“对而不做、一错再错”。

往往就是如此：对期货的风险有清醒的认识，做足了该做的功课，对期货分析和操作已有相当程度的掌握，知道应该怎么做、不应该怎么做，所以感觉已经看到了一线希望，信心满满。然而真正开始操作，却发现依然做不到、执行不好，照样在期货市场里打转转，一次次回到亏损的老路上去。

为彻底改变行为习惯，不断鼓足与习惯作斗争的勇气，我把抽了20多年的烟都戒掉。为了不断增强战胜自我、纠正不良习惯的内心力量，加强心理暗示，还托人找朋友，用最硬的金属制作了一根手指粗细20厘米长的“钨金棒”，其上以激光刻上四个字“如心坚毅”，经常握于掌中，时时提醒自己要坚毅刚强，战胜错误的习惯。各种能用的办法，都设法去尝试，试遍了。

为什么知道怎样做是对的，却总是做不对？仿佛已经看到希望，却总是摸不到炼狱的边界，觅不到炼狱的围墙，找不到炼狱之门。只好一次次在伸手不见五指的炼狱里沉浮。反复自省，反复寻找原因。然而，很长时间过去，依旧是反复在“知”与“行”

的问题上打转，就是走不出这漆黑一片的炼狱。

期货炼狱是一个无边无际，漆黑一片，完全看不到出路和光明的世界。交易就是这样，很多道理讲出来都明白，问题就在于，对的，却做不到！计划、方案距离执行的远近，就是盈利和亏损之间的长度——你可以说它在一线间，但由于做与不做是相反的方向，所以你又可以说这个距离是无穷的远。

曾经在中国交易员大会上，听过几位期货高人在台上谈到执行力方面的经验，有的说出去抽根烟冷静冷静，有的说面壁思过三天。实际交易中，还有的投资交易者会在炼狱阶段去寺庙参禅、修道，还有的去到荒芜之地放逐心灵、清空欲望。

明知对与错，奈何做不到，就无法从炼狱中突围而出获得新生。根本的办法是驱除心魔、战胜自我，方能增强控制情绪、主导行为的能力，真正改变“知而不行”，达到“知行合一”。而强大内心、战胜心魔的途径，是修身养性，“以理服之，以德治之”。

由此，我对交易的学习开始主动做出些调整：从过去注重看那些纯粹的投资交易类书籍，热衷研究期望值、夏普比率、标准差、方差等评判投资收益的数理特性指标，渐渐转向那些提高个人素质和修养的书，包括大量的历史书籍、人物传记等。李世民曾对魏徵的离世无限感慨：“夫以铜为镜，可以正衣冠，以史为镜，可以知兴替，以人为镜，可以明得失。”我期望借历史上的成败得失，“以古为鉴”“以史明鉴”，来加强个人修为，增强内心力量。

《道德经》说：“人法地，地法天，天法道，道法自然。”自然界万事万物皆遵循其固有之规律，这些规律又相互关联、互为镜鉴、相辅相成。为了让自己清醒，也为了让自己能够静心思考，不断纠错改错，剔除坏习惯而形成好的习惯，冬天不管天气多冷，夏天不管天气多热，每天中午我都下楼去，在太阳下走15分钟，想想前一晚自己在期货交易中的对错，让最亮最热的太阳，照到内心深处最难以见到光明的角落，反思自己“皮袍下藏着的小”。平时无论何时何地，对所见所闻所经历的任何事物，都立马会联系到期货交易，不知不觉陷入观察、思考、揣摩，以期从中有所感悟、有所借鉴。

可以说，整个人已经进入痴迷状态，试图用尽一切办法、全部心力，从天天都能够看到、听到、关注到、了解到的所有事物中寻求启发，使自己打开心结，不断深入理解真正的投资交易之道。天长日久，几年期货之路走下来，整个人都变得沉默寡言，生活越来越简单：上班，下班，加班，剩下就只有打打羽毛球，再没有太多的事物能引起兴趣爱好。

正所谓不疯魔不成活儿，也正是这种着魔般的状态，让我的的确确在身边寻常小事上，得到不少关于投资交易的启发，一次一次感受到了瞬间的开悟，逐渐弄明白了一个又一个关于期货、关于投资交易的问题：

——期货是什么？是一个利用杠杆又要管理好杠杆的风控

市场；

——简单说，期货如何实现盈利？找准拐点，付出可控代价，去“撬动”一个可能的方向；

——看错、做错了怎么办？以概率思维及时向市场低头；

——面对趋势行情中的振荡怎么处理？把握好行情的“趋势性发展、台阶式演变”特点；

——什么时机平仓退出？盈亏同源，振荡主动平、单边移止盈；

……

一次次的顿悟，犹如那来自峰顶灯塔的光芒，刺破天际的闪电，投向黑暗的炼狱，激起生存的希望，鼓动继续进发的力量。尽管尚是那么的微弱，但那毕竟是一缕光明。

身在炼狱，心向美好，不断探索，奋力穿越。

第五节　人性显微镜下的“反人性”

期货杠杆是世间最强的“人性显微镜”，它将人性中所有微不足道的小小、细微弱点，无一遗漏搜寻出来，揭示、放大再打爆；利用这些人性之“恶”、人性弱点，来攻击你，教训你，蹂躏你，直至毁灭你。期货之难，难在知而不行、重复犯错，根源在于投资交易中战胜自我、战胜人性的斗争，异常的艰苦卓绝。

期货市场的决定因素是资本，其背后实际的控制者是人。各路资金，就是各路炒家。

在这个“零和”市场，有赢必有输，有输必有赢，你赚别人的钱，别人同样也赚你的钱。价差盈利，低买高卖，何为低，何为高，全凭炒家自己的眼光，来自各方的行情判断、买卖动作，推动市场价格上下波动变化。如果所有人都采取了完全相同的操作，自然就没有人赚钱，当然也没有谁亏钱。

为何在期货市场，绝大多数投资者赚不到钱？因为大家都是正常人，都是常人。常人的思维一致、行动一致，而常人的对手极少、对手盘极少，这么多常人，都去赚谁的钱？只有极个别超越常人之人，才能在此赚一众“常人”的钱。为啥总是看对行情却赚不到钱甚至亏钱？为啥研究员、“股评家”能写投资报告拿薪酬，自己操盘却完全是另外一回事？原因皆在此，皆为常人。

怎样才能在操作中赚钱？很简单，在众人竭力追高极度疯狂买进时，你卖出；在众人全都逃命绝望割肉出局时，你买进——这要求你必须要与市场上的多数人“反向操作”，才能成为极少数的盈利者。而人人都会有这样的想法和愿望，并试图这样去做。那么，最终行动的结果又趋于一致，你的操作依然没有摆脱从众状态——这是所有的投资人在人性本质上没有太大差别的必然，结果正是普遍人性得以体现，自己还是市场中的大多数，常人一个，亏货一枚。

到这里，可以分步做出如下推论：

1. 期货（证券）投资市场只有与众不同而成为极少数，才能迈向成功；

2. 每个人都产生以上同样的想法愿望，却最终再次行为趋同；

3. 想法愿望总是一致，导致了行为的一致；

4. 需要与众不同的，不在行为结果，而在想法愿望；

5. 想法愿望，发自人性。人性不改，则想法愿望必定继续从众；

6. 要想从根本上改变行为，达到操作行为与众不同，须从根本上改变人性；

7. 找到导致错误而制约正确交易的人性弱点，然后去改变。

关于人性的学说，以及各种各样的门派、人性善恶的争论，古来即有之。

孟子的性善论，认为人生来即有恻隐、善恶、辞让、是非四种“善端”，扩充形成仁、义、礼、智的善性；荀子的性恶论，认为“人之性恶，其善伪也”；而庄子认为人天生本性上是无知无欲，墨子认为人性后天形成，“人性如素丝，染于苍则苍，染于黄则黄”；汉代扬雄认为“人之性也，善恶混，修其善则为善人，修其恶则为恶人”；北宋欧阳修认为人性“向小”，其《诲学说》讲：“玉不琢不成器，人不学不知道……人性因物而迁，不学则舍君子而为小人”；司马光则提出人性的“先天不等”论，认为人先天生来就有人性善恶的不平等，无论圣人还是愚人都是善恶兼而有之，只是有些人在善性上会占优势，有些人在恶性上会占优势；鲁迅于《华盖集·这个与那个》谈及人性，“然而人性岂真能如道家所说的那样恬淡……欲得的却多”，可见先生认为人性与私欲相连。

从投资交易的角度看，无论人性善、人性恶、善恶兼而有之，或是生来白纸一张不分善恶、后天而定，都非问题之所在。投资交易所要关心的，是投资交易者当下存在的人性之“恶”，找出来，摒弃之。因为正是这样的人性之“恶”，导致投资交易中知而不行、错而难改。

人的生存本能、自我保护意识，可以演变发展，极端化而形成人性之“恶”，其存在完全属于正常、普遍，不必去刻意回避，更不必为之羞愧遮掩。

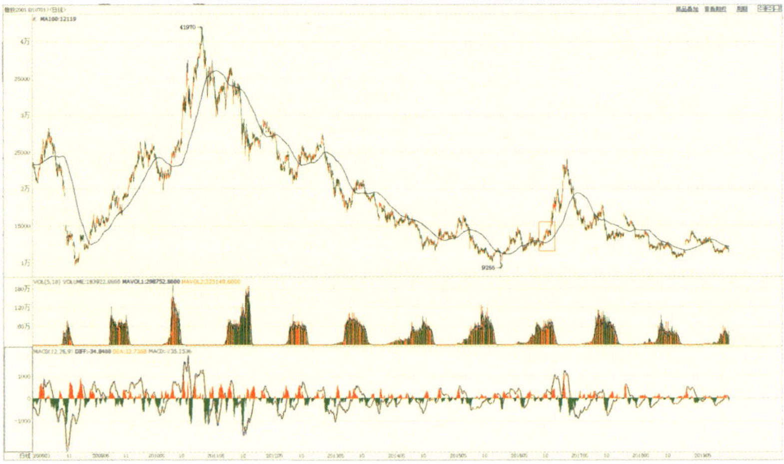

图 10：橡胶期货日线图

橡胶期货在 2016 年“十一”前后（上图）启动了一波快速大幅上涨。当时，我按照自己建立的判断方法，已经预见到可能会出现一波趋势性上涨，而且根据橡胶期货的一贯“习性”，只要行情到来，至少有 30% 涨幅，20000 元是第一目标位。我早早开始关注，节日跟朋友聚会时还专门讨论，决定节后一旦行情启动就跟进做多，好好把握这次难得的行情机会。

实际操作如何呢？ 11 月 8 日，在价格向上突破 15000 元时跟进，仅仅持有三天，就在16000平仓出局。因为上下振荡实在太厉害，眼见一天之内每1手1000个点、上万元的盈利波动，想赚怕亏、惧怕减利的心态作祟，决定还是落袋为安妥帖。然而，就在此后的三个月时间里，橡胶期货先是一口气冲到20000关口，随后稍作调整后，最终上涨到24000方才止步。想想自己早就开始准备，却在行情刚刚开始就被清洗出局，为保全每手1000个点、10000元的利润，却眼睁睁失去每手8000点、80000元的大赚机会，真是追悔莫及。更何况，行情启动之前心里就明明非常清楚，把握大趋势就必须“让子弹飞”，而不可轻易主动平仓，可还是在关键时刻掉了链子！

平时走两米宽的路不会有丝毫问题，在没有护栏的百米高空骑车，却必定晃晃悠悠，平时发现不了的心理问题、体力问题、技术问题都将暴露无遗。高倍杠杆之下的投资交易岂不一样？绝大多数人都无法正常操作，知对错的技术问题解决之后，余下的全都是心态、意识、情绪、品格等相关的人性问题。每次出现这样的情形，自己都无比懊恼，及至捶胸顿足，陷入深深的追悔和自责。期货道路艰难，要反反复复经历多少内心的痛苦与折磨？

影响制约投资交易的人性之“恶”，就是类似以上与实盘操作中自我保护（想赢怕输、想赚怕亏）相关的意识与情绪弱点，主要是贪婪、恐惧、膨胀、胆怯、犹豫、冲动等。以贪婪来说，它让我们在期货市场上，看到有利可图就想操作，寸步不让，可如果不控制自己的贪婪欲望，或者说不能控制自己的贪欲，仅凭一时的感觉或冲动就盲目下单，往往会交易失败，特别是在已经出现了亏损的情况下，更想尽快弥补损失而进行频繁的超量操作，或者重仓操作，结果越操作损失越大，最终被迫走上斩仓出局或暴仓之路。

期货市场的交易杠杆，就是撬动资本的工具。马克思在《资本论》中说："如果有 10% 的利润，资本就保证到处被使用；有 20% 的利润，它就活跃起来；有 50% 的利润，它就铤而走险；为了 100% 的利润，它就敢践踏一切人间法律；有 300% 的利润，它就敢犯任何罪行，甚至不顾绞首的危险。"

资本背后的操纵者是人，这段话恰恰能够充分地表明：高杠杆下的人性扭曲。正因为期货市场让人快速得到数倍利润，也让人顷刻断送巨额财富，它能无限地放大人性中所有的弱点，因而才成为世间最强的显微镜。

随时可能的大赢大亏，时刻考验着投资者的人性。不剔除制约操盘交易的人性之"恶"，期货投资就永远不可能做好，实现持续稳定的长期盈利就注定只是幻想。可以毫不夸大地说，一个人性之"恶"不除、存在人性弱点的人，即使给其一套绝好的投资交易系统和操盘方法，交易中也照样难以持续稳定赚钱。人性中所有微不足道的小小、细微弱点，会被期货市场的超级"显微镜"无一遗漏地搜寻出来，揭示、放大再打爆。这是个对谁都完全公平的市场，它会一次次利用人性弱点、人性之“恶”，来攻击你，教训你，蹂躏你，再不服就直至毁灭你。

期货市场针对人性之“恶”、人性弱点，对投资者展开进攻，谓之期货市场“反人性”。期货“反人性”，“反”的是人性之“恶”，绝非不分青红皂白地一概抹杀人性。期货“反人性”，其本质是“惩恶扬善”，使交易者除掉人性糟粕，而留下人性精华。投资人与自我做斗争，直面自己的人性之“恶”、人性弱点，击溃它、战胜它，即最为艰难的心性修炼。

战胜人性绝非易事：坚定与动摇、顽强与脆弱、胆识与畏缩、耐心与急躁、细心与大意、谦虚与骄傲、知足与贪婪、果断与犹疑，这每一对不同的意识、情绪、品格，最终要留下前者而摒弃后者，都需要漫长的反思、改变、扭转、习惯的过程，才能逐步形成新的人性特征，非一日之功、一蹴而就——这是一次艰巨痛苦的灵魂再造、生命升华，一场脱胎换骨的人生蜕变、凤凰涅槃。

期货，实际上是人性的博弈，是世上最强显微镜下的“反人性”斗争。

期货，其成败在于自我否定，是一场剔除弱点、完善人格的心性改造。

第六节　体察“炼狱”：凡人之明，在于“自明”

世间不乏奇才，而芸芸众生多为凡人。凡人不易，成事、成功殊难，不单要做对事情、达到最好、无可替代，更须时时警醒自己不可出错。与期货交易一样：不出错是期望和意愿，出错在于习惯和人性。“人贵有自知之明”，凡人之“明”，“明”在自省、自知，去恶、存善，即为“自明”。在“自明”过程中不断砥砺磨炼，剔除人性的弱点，才能不出错而只做对的事情，才能不被期货的大浪吞噬，不被艰辛的世事摧折。

期货保证金和T+0的双向交易，赋予了投资者更多的自由交易空间，这种过度的自由，很容易使人性潜在的贪欲和放纵达到极度的膨胀，失去理性和节制。它可以创造神奇，亦可以制造毁灭。先进的投资思想和交易理念，正确的方法策略，严格的行为自律，良好的实战心态，强大的执行力，不断剔除人性的弱点——有了这样一套完善的投资哲学，方能知行合一，最终取得满意结果。

可叹身在投资炼狱中，完全看不到方向，只有一次一次不断反思自己究竟犯了什么错，找到原因，找准原因，而后改正，才有可能在一次次市场狂澜中屹立不倒，存活下去。只有日日自省、时时自省，剔除人性中贪婪、恐惧、侥幸、自负等等一切细微的缺陷，剔除人性中所有的弱点，才能不做错事而只做正确的事，从根本上避免犯错，进而不再被最强“显微镜”抓到薄弱之处攻击，不再被高杠杆的投资交易市场摧残。

我从小到大看过的武侠小说，只有一部《七剑下天山》，是 1986 年考上偃师高中后的暑假，每天中午躺在老家厦屋水泥地的凉席上翻阅的。武侠书只能算刚刚扫盲，但对于练就神功却是心向往之。在期货炼狱里挣扎求生、寻找出路的过程，就是个不断反思、知错、认错、纠错的“练就神功”的过程，无比艰难，也无比痛苦。

老祖宗、先贤哲人们，很多都重视“自省”对于修身养性、战胜弱点的作用。《论语》有“吾日三省吾身”；荀子则把“自省”和学习结合起来，作为知行统一的一个环节，说“君子博学而日参省乎己，则知明而行无过矣”；朱熹说“日省其身，有则改之，无则加勉”，主张“存天理、去人欲”。“自省”是通过自我意识来省察自己言行的过程，其目的是自我反省、自我评价、自我教育、自我批评和自我调控。都要靠自己，没人能帮你。

期货投资，远远难于现实生活中的很多事业，才会让人去深刻思考交易之道；由于是最强“显微镜”，才高倍放大并揭示了期货交易中的人性弱点。这些人性之“恶”、人性弱点，固然在期货交易中表现，但绝不仅仅在期货交易时存在。它始终都隐藏在自我深处，而且会经常活动，哪怕“偶尔露峥嵘”，都可能给人带来不可预估的挫折和教训，永远都是人生潜在的风险。只可惜，如此重要的问题，世间大多数的人并不察知，也更不会主动去反省、改错和修正。

我们依靠自省而“自明”，剔除了人性之“恶”，才能促进交易能力和水平的提升。而作为凡人，通过这样的“自明”，坚持不断地反省纠错，让自己更加明理、明辨，与人性之“恶”、人性弱点彻底诀别，朝着眼界高远、胸襟豁达、内力坚强、淡定从容的人生境界不断修行——这何尝不是一场人生的修炼？即便不是期货交易者，相信剔除了人性之“恶”，做人做事会少犯错误，人生之路也会更加通畅。

像期货炼狱中那些苦行僧一般修行，凡人所开启的，必然是光明人生。

凡人之“明”，在于“自明”。

第四章

抉择：现货期货“两个市场”

传统的“基本面”研究，是根据现货供需状况，预测价格走势，并依此在期货市场安排交易策略。这种研究在一般情况下可行，从而不断强化错误自信。但在期货价格脱离供需状况，且持续不回归的市况下，将导致巨大交易风险，带来重大亏损，甚至是灾难性、颠覆性后果。期货市场的价格形成方式，非现货供需博弈的结果，而是期货资金博弈的结果。交易之外无价格，盘面之外无行情。要客观看待并区分现货市场和期货市场，它们是各不相同的两个市场。把“两个市场”混为一谈，某时某刻必将付出惨痛代价。

第一节　投资“大鳄”跳楼之殇

以上市公司业绩、现货供需这样的“基本面”开展投资研究，去推导股票、期货市场价格，并据此进行投资交易，如同刻舟求剑、纸上谈兵，失败绝非偶然，乃是必然。对于基本面的过于执着，让“逍遥刘强”忽视了技术面的风控提示；对基本面的绝对迷信，最终导致“橡胶大王”纵身一跳。

在中国的股票和期货投资市场，令人惊诧不已、扼腕叹息的事件屡有发生。近5年来，就有两起跳楼事件极大地震动了投资圈：2015年的“逍遥刘强”，2017年的“橡胶大王”。

人们只将事件当作社会新闻议论一番，然后在一片同情、惋惜声中很快归于平静，却无人深问：究竟什么原因，导致两位星光熠熠的投资人走向不归路？如果只是局外人也就无关紧要，而对于投资交易者来说，这样的悲惨结局怎样才能永久地、从根本上避免？这样的重大事件，是否应作为典型案例做深入剖析？然而殊为可叹的是，无论是学界还是民间，至今几年过去了，并没有谁这么做，搜寻网络，也始终没有看到相关的讨论。

在那些时间里，我心情非常沉重，问自己：想要投资成功，却不认真反思，难道要等有一天，也犯下类似不可饶恕的错误？我投入精力分析思考，力求探究明白事件包含的真相和背后原因。

2015 年 7 月，中国期货界传奇人物——某对冲基金操盘手“逍遥刘强”，因为股灾中在高位重仓做多期指和配资买股票，迅速破产，2015 年 7 月 22 日，在北京一家酒店的顶楼平台跳楼自杀。

消息一经发出，立刻震惊投资界，让人扼腕叹息。“逍遥刘强”，是投资热销书《期货大作手风云录》的作者，他在证券和期货市场的成功，也是有目共睹的。这位堪称中国投资界利弗莫尔的高手，为什么会突然倒下？从“逍遥刘强”的书中序言可以看出，他还是国内某院校期货专业毕业生，经历过正规专业学习和严格的科班训练，像他这样的专业投资人才，在国内可谓顶尖高手，最终却还是黯然落幕。

网上搜到“逍遥刘强”的最后一篇博文：

此次股灾颠覆了我的很多投资原则，让我感到无所适从，甚至多次怀疑自己是否还适合这个市场？冷静下来，我开始反思自己的不足，慢慢发现其实问题的核心还是出现在自己的几大性格弱点上。

对于基本面的过于执着，让我忽视了技术面的风控提示。

我个人一直是个基本面派，所选的股票的主要原则就是该公司未来的业绩会稳步增长，由此该公司会由一家中小市值的公司成长为中大市值的公司，而我的长线持有则会享受到公司成长所带来的股价飞跃。这种选股方法在多次的牛市中都屡试不爽。这种忽略短期小波动，长线持有的股票大多数都会有几倍以上的高额回报。但没想到这种长线持股的方法让我在这次股灾中失去了止损的最佳时机。很多浮盈非常大的股票刚开始下跌时，我无动于衷。跌破 20 日线，我开始重点反思这些股票，基本面毫无问题，继续持股。跌破 30 日线，开始意识到市场的系统性风险，止盈出局。跌破 60 日线，觉得这么好基本面的股票居然能跌到这么低的价格，于是重仓买入，马上被套，大盘暴跌，股价跟着暴跌，再止损。心态彻底乱了。究其原因，还是自己太过于执着于股票的基本面了，觉得只要是股票好，主力又没出局，我怕什么？没想到赶上了百年不遇的股灾，再强的主力这次都被包了饺子。

虽属天灾，但其实还是可以避免如此之大的损失的。这就要靠技术分析的风险提示了。在这点上，斯坦利克罗是我们的榜样。最近打算再次重读斯坦利克罗的《期货交易策略》，向大师学习。

当风险来临时，保命最重要！

记得《股票大作手回忆录》中有一句经典的话语：“当我看见一个危险信号的时候，我不跟它争执。我躲开！几天以后，如果一切看起来还不错，我就再回来。我是这么想的，如果我正沿着铁轨往前走，看见一辆火车以每小时 60 英里的速度向我冲来，我会跳下铁轨让火车开过去，而不会愚蠢地站在那里不动。它开过去之后，只要我愿意，我总能再回到铁轨上来。”这番话非常形象地表现了一种投机智慧，令我始终不忘……

“逍遥刘强”的这篇博文里，有句话值得认真推敲：“对于基本面的过于执着，让我忽视了技术面的风控提示。”

这里面隐含着一些关键问题，应当也必须要弄得十分清楚：

1. 他是个执着的“基本面派”；

2. “基本面”也会出错；

3. 依据“基本面”投资一旦出错，就会酿成颠覆性的错；

4. “技术面”给出了风险提示的信号；

5. 他坚持按照“基本面”操作，而没有重视“技术面”；

6. 为什么按照“基本面”操作不对的时候，按“技术面”是对的？

7. 如果当时按照“技术面”操作，结果会不同；

8. “技术面”会不会也犯类似“基本面”的错？

9. 按照公司业绩选股票、按照现货供需状况预测期货市场价格，对吗？

……

这些事实的表现、明确的结论、潜在的问题，时时萦绕在我脑海里，有的是警示，有的是反思，而有的还需进一步思考去寻求答案。

2017年9月，又一个期货圈的新闻炸开：国内大名鼎鼎的“橡胶大王”在上海跳楼。

“橡胶大王”是一位成功的现货商，橡胶现货贸易做得风生水起，后来才进入的期货市场。凭借着对现货市场第一手的信息把握，他在期货和现货两个市场都做得顺风顺水，极为成功，因此才被誉为“橡胶大王”。

2017年9月11日，环保限产政策落地，投资者几乎将环保限产和工业品价格上涨画等号。但与这样的实质性利好恰恰相反，橡胶、焦炭等相关商品的期货价格却迅速下跌。网上后来有消息说，“橡胶大王”在最后的10个交易日里，已经亏损状态下继续补充数千万元保证金加仓扛多，然而，就在9月27日，橡胶期货再度大跌7%，巨亏爆仓的“橡胶大王”9月28日凌晨从上交所旁边的香榭丽大厦跳下。

不能不说，“橡胶大王”的成与败，都与他深厚的现货商背景有很大关系。正是由于做现货贸易，使其对于市场的产销状况、库存变化等供需基本面了如指掌，长期形成的经验不仅让他能做好现货，同时也能把握一般情况下的期货行情。这样的情况持续时间很长——20年！这期间，“橡胶大王”取得巨大成就，完全可以说是现货、期货两个市场通吃、双赢。

然而，天有不测风云。橡胶期货市场在2017年9月份的走势，与“橡胶大王”依据现货市场“限产”做出的判断完全相反，价格不涨反跌，持续暴跌！他在暴跌中大幅补仓死扛做多，难道不是20年来一贯坚持的“基本面”判断方法带来的信心？没有这样的底气做支撑，“橡胶大王”怎么可能认定自己没有错，而与明显下跌的市场对着干？

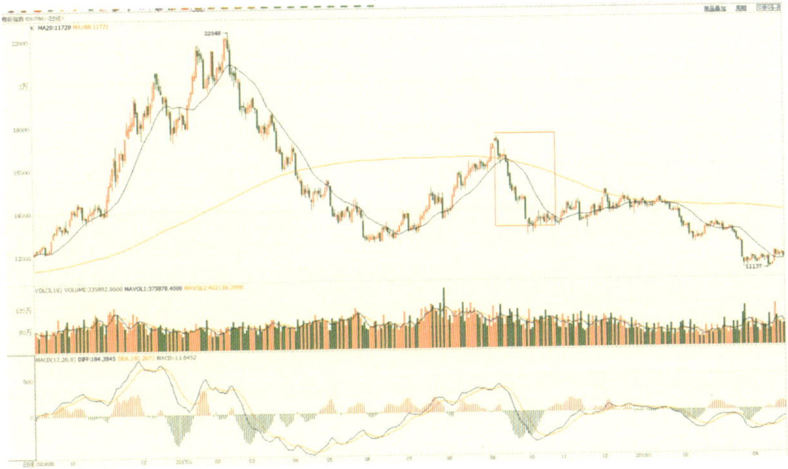

图11：2017年9月，天然橡胶期货价格持续背离现货基本面，快速大幅暴跌，20天内最大跌幅超过4000元，1手多单投入15000元，却亏损40000元

因为上市公司经营状况好、现货价格坚挺，就认为公司股票、期货价格跌不到哪里去——从两位代表性人物的结局来看，这样的思路已被证明是错误的，极端情况下，期货价格如同一头倔驴，始终不肯回归到现货供需的基本面。那么，认为“基本面”决定股票和期货价格走势的思维方式，怎么就错了？所谓“价值投资”，就是基于“基本面”的投资，难道不对？又错在何处呢？找不到这个答案，就难以解释为啥一次又一次地“天有不测风云”，当然也就无法从根本上避免下一个跳楼惨剧。

第二节 揭开“基本面”的“面纱”

“供需推定价格”对于期货市场来说是错误思维，不能以现货的思维和分析方法来研究期货市场及价格，不能以现货的供需“基本面”研究，来替代期货市场的全面分析。期货、现货两个市场，存在本质不同，断不可混为一谈，导致“参照失据”、“市场错配”。

股票市场的基本面分析，一般会去看上市公司报表、市盈率、市净率、未来投资及市场潜力、成本管理水平等，更用心者还会专程前往现场调研，还有厉害的能够先人一步，探听到类似资产重组、主业变更的所谓内幕，至于消息怎么来，你懂的。各显所能，各展神通。

这么多因素，综合考虑、全面研究，最后形成一份关于“投资价值”的报告，没有非常扎实的专业功底，没有极其优秀的分析能力，肯定做不好。因此，各个投行、基金公司、研究机构里，见到的清一色尽是名校高材生。那些研究报告后续若付诸实施，即谓“价值投资”。通常都在这么做，主流投资，大机构、大基金均在其列。

当然，也包括“逍遥刘强”。他在前期长时间的辉煌成绩，得益于此，最终的失利，也归咎于此。成也萧何，败也萧何。

通常对于期货商品的基本面研究，重点是分析商品供需。

首先来看供给，决定一种商品供给的主要因素有：商品价格、生产技术水平、生产成本、相关商品价格水平、市场供需预期等。而商品市场的供给量则主要由期初库存量、本期产量和本期进口量三部分构成。

期初库存量，是上年度或上季度积存下来可供社会继续消费的商品实物量；本期产量，是本年度或本季度的商品生产量，这是市场商品供给量的主体，其影响因素也非常复杂；本期进口量是对国内生产量的补充，通常会随着国内市场供求平衡状况的变化而变化。

再看商品的需求。决定商品需求的因素就更多了，比如商品价格、消费者收入、消费者偏好、相关商品价格变化、消费者预期等。商品市场的需求量通常由国内消费量、出口量和期末商品结存量三部分构成，任何影响这三者中某一个因素变化的原因，都可能影响商品的需求。比如国内消费量主要受消费者的收入水平或购买能力、消费者人数、消费结构变化、商品新用途发现、替代品的价格及获取的方便程度等因素影响，所以判断商品需求的变化趋势，并不是一件容易的事情。

影响商品供给和需求的因素，来自经济波动周期，金融货币因素，政治、政策因素，自然因素等方方面面，五花八门。气候变化“厄尔尼诺”现象、中东的局势、南美的矿业工人罢工、印尼出口禁令、美国总统的推特等等，不可穷举。无边无际的影响因素中，哪一条都影响到供需，究竟是哪个决定了供需？哪个因素是长期影响，哪个因素是短期影响？平时看到的所谓专家分析也着实好笑，都是事后诸葛亮，全是马后炮：昨日油价由于什么什么出现大跌，受到什么什么影响国际铁矿石价格出现反弹，受到什么什么消息鼓励沪深股市一举收复 3000 关口……至于那么多影响因素中，为何就是专家所说的这个因素“发挥作用”，从来没见有过论证，都是随口一说。既然这么确定，为何不提前一天出来发表意见，让所有股民期民都跟着赚点钱？呵呵，提前一天谁知道会怎样呢？太为难专家分析师。

这样的所谓“基本面”分析，事后拿出来不如自己留着。而事先呢？2018 年 11 月“上海铜周”期间，来自全球各地的主要生产商、贸易商、铜加工企业（用铜）人士以及投资各方，一致看好 2019 年的铜市场，纷纷预测供需紧平衡情况下，价格会上涨。各种分析、各个角度都有充分论证，真可谓众口一词、众星捧月。可是，市场结结实实地打脸：自 2019 年初开始，国际铜价一路振荡向下，当时所形成的高点，至今还矗在那里。

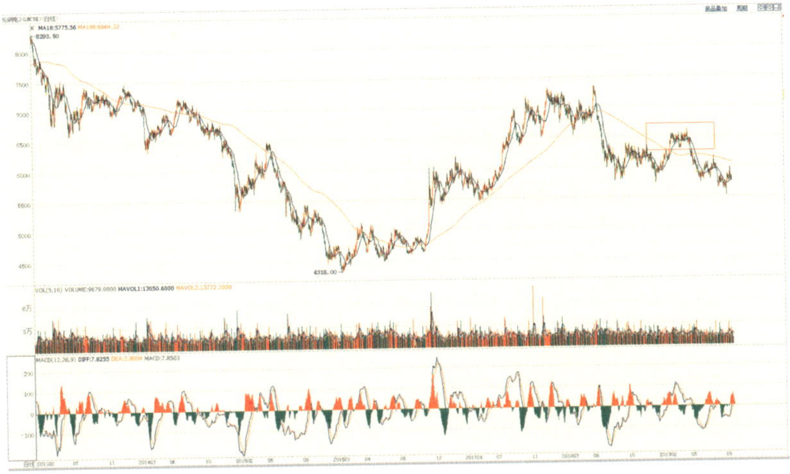

图 12：伦敦 LME 铜价，自 2019 年初以来振荡向下，至今颓势未改

曾经和某家知名券商的一位研究员一起吃饭，聊起他所做的投研报告，告诉说“报告是报告，投资是投资，十份报告最终真正能有一两个投资、赚钱，就很不错了”。什么？我没听错，您没看错——这个成功比例居然与普通股民凭感觉投资成功的比例相差无几。股民大多没有经过专门的学习和训练，而研究员可都是专业出身的呀！

基本面分析其实是无边无际的，就算是资深人士，也很难全面掌握基本面的所有信息。更何况繁多的信息中，有真有假，鱼龙混杂。“基本面分析”这件事，本身就很难做到位、做扎实，分析报告连公司经营实际、现货市场供需的“基本面”都难以完全真实反映、站得住脚，却以之作为投资股票、期货的依据，岂非要失之毫厘、谬以千里？

当然，公司业绩与股票价格、现货与期货市场存在一定的关联。如宏观经济、行业政策等，既是现货市场的影响因素，也是期货市场影响因素，但不能因为有关联，而不做区分、混为一体，甚至简单画等号。现货供需分析报告，应当也只能去指导产业领域投资——有需求就去开展生产，缺货就增加有效供给，通过加强管理、提高效率、降低成本，赚取行业合理的生产加工利润，获得经营收益。而不是将现货市场的供需状况研究报告，拿到期货市场去指导投资交易。如果说因为缺货而期货价格就要上涨，那就是“结论脱轨”，现货缺货与现货供应是一对相关逻辑，与期货价格并不存在必然的推导逻辑。那种凭“一般经验”而认为现货缺货就会导致期货涨价的“偷换概念”做法，拿到投资交易上来，属于最基本的逻辑错误，是根本的、出发点的错误。认识基础、推理逻辑的地基不牢，迟早会发生大厦坍塌的灾难！

期货价格涨跌与现货供需“基本面”有关，但“基本面”并非期货价格上涨的充分条件：“橡胶大王”等来了压缩产能的政策利好，期货价格不涨反而继续一路下跌。同时，“基本面”也并非期货价格的必要条件：岂不见，2018 年 12 月起，铁矿石期货价格一飞冲天，需要有啥“基本面”的支持？

自 2018 年第四季度起，国际铁矿石的供需基本面并没有发生太大变化，淡水河谷溃坝事件影响的 4000 万吨产能，在事故发生后一两个月就很快被之前停运的产能完全填补上，也没耽误大商所铁矿石期货指数从 2018 年 11 的 450 元起步，一口气蹿升到 2019 年 7 月的 900 多元，涨幅达到 100% 才罢休。

很显然，事实已经表明“基本面”对于期货价格，既非充分条件，亦非必要条件。事实很冷酷，却也很客观：所谓“基本面”与股票期货价格之间——没啥必然之关联。

对于证券市场而言，上市公司的经营状况是公司的基本面，但公司这个基本面与公司股票价格并非必然联系。岂不见业绩优良的股票就是没人待见，多少年趴着不动，而主业经营一塌糊涂负债累累的公司，却一个个涨上天？重组、扭亏云云，那都是预期，炒作过后啥说法也没有的、业绩继续亏损的又岂在少数？这股价和基本面有何关系？资金愿意炒作，它就有行情，资金不搭理，它就没行情。

那么，在证券、期货市场进行投资交易，到底应该研究所谓基本面，还是应该研究直接推动形成行情的资金？

投资者切莫人云亦云，一定要明辨对错，以客观事实为标准，以基本逻辑为遵循，确立属于自己的正确投资思想和交易理念。

看不明白“基本面”的本质，证券期货投资就永远入不了门。也许有幸运者当前以这样的方式在盈利，但不可忽视其中隐含的重大风险。

这里，需要：反思，突破，抛弃，颠覆。

第三节 盘面之外无“价格”

价格要涨要跌，谁说了算？价格产生于交易，交易是价格之本、之源、之宗，没有交易就不产生价格。期货的设立，改变了商品的价格形成方式：商品价格由过去的供需双方谈判博弈，转变为多空资金盘面博弈。交易之外无价格，盘面之外无行情。

既然“基本面”决定不了价格，价格与“基本面”并不存在确定的一一对应关系，那么，股票和期货的价格，是怎么产生的？它由谁来决定，又由谁说了算？

最基础的经济学知识告诉我们，用货币表现出来的商品价值就是价格，即“价格是价值的货币表现”。货币又怎么来的呢？交换的需要。没有货币的时代就是直接交换，那个时候没有“价格”一说，因为交换的标的，直接就是商品的使用价值。后来为了交换方便，就以铜、金、银作为“等价物”，再往后发展形成了今天的货币。“等价物”就是商品价值的货币表现，它由交换（即交易）而产生，价格因之而来。

其实还可以更简单地理解“交易产生价格”：所有的商品、物件、权益，纵使你再好，没人出手买，没有交易，能说值多少钱？没有交易就没有价格。那些古董文物之所以拿出来拍卖，很大一个原因，就是只有进行交易，才能确定其价格或者重新给出一个定价。

交易与价格之关系：

1. 不交易，就没有价格（必要条件）；

2. 只要交易，就产生价格（充分条件）；

3. 只有交易，才能产生价格（一一对应）。

由此，可以清晰看出“价格”和“交易”之间关系：交易即有价格，价格生自交易。只有交易产生期货价格，而期货价格与所谓“基本面”无关——这看似极其简单的问题，决定了投资人进入股票和期货市场后，所走的路是对还是错。这是一个投资交易首先要解决的根本问题。只有在这里把路走对了，后面才能方向正确、事半功倍。而如果在这里走上了一条错误之路，不仅事倍功半，更要命的是可能带来极其严重的后果——真的会要人命！

在期货市场设立之前，市场价格由实物供求关系上的一对一谈判、交易而产生，属于“供需博弈”。1970 年前后的中日钢铁共同谈判，就是由中国五矿代表中国企业与日本八大高炉厂商（钢厂）进行谈判，确定一个连周边亚洲国家也跟随执行许多年的市场价格，这就是典型的“供需博弈”产生价格。今天，依然没有期货盘的商品，目前也还是采取这样买卖双方供需博弈的价格确定方式。近的比如：2019年9月，泛亚公司出售手中钨金属相关库存商品，采用了拍卖的方式，最终由洛钼集团竞拍成功。

在期货市场建立之后，有期货盘的商品，价格逐步转变为期货交易定价（或为指数定价）。相当于多空双方在期货盘面上进行的“天天竞拍”。期货市场尽管参与者各有目的，但统一的一点在于：他们参与市场并非要取得商品使用价值，而是竞拍期货合约本身，在价格高低中博取价差，投机获利。那些套保者，本质上也是期望博取价差。这样多空竞价交易的结果，产生了期货价格，即资金博弈产生期货价格。期货盘面改变了价格形成的方式：价格已由没有期货时代的供需双方谈判博弈，演变成了多空资金直接通过期货盘面的博弈。即由“供需博弈”，转为“资金博弈”。

既然期货价格是由资金博弈而来的，既然我们进行期货投资交易是奔着价格而来的，还有什么比研究参与进来的资金、研究期货价格本身更直接、更根本呢？研究那些七不挨八不靠的所谓“基本面”，舍近求远、舍本逐末，对于价格、对于投资交易有多大作用？意义何在？

期货市场就是期货交易的盘面，所有信息都在屏幕界面之上。盘面价格已经包含了投资人对各种信息的加工处理，是所有参与者集中在同一个市场进行多空博弈的最终结果。这个结果的原因无边无际，我们完全没办法研究穷尽，也完全没必要去研究。实际上，研究了也没什么用。

投资做期货交易的，大多不是现货经营者，并不了解商品的供需状况，当然也不可能了解全部的基本面，这并不是劣势，因为我们完全没必要关注现货的基本面。参与期货交易的各路资金，受经济、政局、汇率、题材、跟风热情等哪种因素的影响，都无法确定，当然也不重要。重要的是投资交易中影响各路资金的所有信息，都已经吸收消化在盘面之内：卖出、买入，最新价、开盘价、最高价、最低价、昨结算价、昨收盘价、涨停价、跌停价，总手数、持仓、现手、仓差、外盘、内盘以及涨跌幅度，一切都在盘面之中。

“盘面之外无价格”，我们只需要盯住这个价格，按照它运行的方向和轨迹来做交易。

“盘面之外无市场”，我们只需要照顾好眼前的电脑界面、交易盘面，除此之外的所有消息、一切因素，都是杂波、都是干扰。股票、期货道理都一样。

只有确定了这个理念，才能真正地拒绝外界各种消息的影响，独立思考。期货投资就是战场，残酷的战场，充满了血腥，没有怜悯，没有同情，只有你死我活的战斗。胜利者“劫后余生”，失败者伤筋动骨，甚至血流成河。想要在这残酷的战场中活下去不被绞杀，没有人来帮你，必须独立战斗。如果你和绝大部分人一样，如果你还照旧和大众投资者一样，缺乏自己独立的观点和独到的见解，总是人云亦云，跟在别人后面，你就只能沦为和大部分人一样惨败而归的境地——因为这是一个只有极少数人胜利登顶的市场。

投资界尽人皆知的天才交易家杰西·利弗莫尔，虽然父母都是农民，14 岁就被迫辍学，但是利弗莫尔从小就在对赌行做报价员工作，每天的工作就是报出股票的实时价格，也就是盘面。他凭着自己惊人的记忆力，发现这些数字有一定的规律，并开始自己跟踪股票的价格走势。十几岁的利弗莫尔拿着自己每周 5 美元的薪水开始去投机行做交易，赚取到投资的第一桶金。后来，就成为投机行最讨厌的客户，因为他总在赢钱。他所关注的，就是盘面，仅仅是盘面，仅仅是价格。利弗莫尔后来的失败，并非他的方法之错导致，而恰恰因为他从股票转投期货，且放弃了自己以往坚持的诸多原则。

一切交易以价格为尊，价格永远无错，错的永远是我们。

那些被市场绝杀的投资人，其惨败的根源，很大程度上在于固执坚持自己的“基本面”分析结果，并期望依据“价值”纠正市场的“价格错误”，美好地期盼着所谓的“价格回归价值”。

第四节　回归交易本质

期货价格并不是现货价格的“追随者”，有时甚至会严重脱离供需状况，且持续不回归。现货市场和期货市场是两个分别独立的市场。期货交易的标的和本质，是期货合约价格本身——没有比价格更直接、更单纯、更根本的交易研究对象。

期货市场之所以产生，就是因为之前没有期货市场的时候，现货价格暴涨暴跌，严重损害了生产商的积极性，比如今年某个粮食品种价格很高，就有很多老百姓都去种植，导致第二年供应增加很多，现货价格暴跌，极大浪费了社会资源，挫伤了种植者的积极性，大家种植的意愿就不高了，结果下一年价格出现大涨。

为解决商品价格的暴涨暴跌对产业链的破坏性，很多国家成立了期货交易所，把生产者、消费者和贸易商以及一些投机者组织起来进行公开、公平、公正的竞价交易，通过大家的交易得出未来一个月、三个月乃至一年后的到期价格，大家根据未来的价格来锁定自己的利润。这就是期货的第一个功能“价格发现”，可以预测商品远期的价格。

期货还有“套期保值”的功能。举例说，一个玉米种植商种植玉米成本在1600元/吨，这时候明年收获季节11月份期货价格是1900元/吨，他就在期货市场卖出11月份到期的合约，相当于锁定了他的销售利润300元/吨，即便到了11月份价格暴跌，他也没有风险了，这就是期货对现货的“套期保值”原理，管理了现货市场的价格风险。

现货价格与期货价格之间的差值，称之为“基差”，当基差为负的时候，称现货为贴水；当基差为正的时候，称现货为升水。通过基差的变化可以更清楚地看到期货与现货之间的变化关系。现货贸易离不开期货的功能，反过来说，充分发达的现货市场是期货市场发展的重要基础。

如此看来，期货市场和现货市场确实是密不可分的。所以，在实际做投资中，通常做法往往是按照现货市场供需变化的情况来分析现货市场，并以此作为期货市场判断价格方向的基础，预测期货价格的未来走势，并据此安排交易策略。一般会以为，只要把握好现货的供需变化趋势，就能够预测期货走势，做好期货交易。然而，实际操作中发现这样的研究几乎毫无意义。期货价格在很多情况下不但不跟随现货供需状况行进，有时甚至会严重脱离供需状况。每当这样的时候，都会带来交易的重大亏损。

就现货相对于期货的升贴水而言，临近交割日时，期现价格的基差依然扩大，就产生了较大的“基差风险”。“橡胶大王”的结局警示我们，期货市场里巨大的交易风险、重大的亏损，甚至是灾难性的后果、灭顶之灾，都是因为期货价格远远背离现货供需，而且期货价格持续“不回归”——根本不搭理所谓的“基本面”。

那么，现货市场和期货市场究竟存在什么样的关系？投资交易的本质是什么？期货交易应以何为标准来展开？

通过研究发现，市场上有太多利用现货供需预测期货价格最终败得一塌糊涂的案例。十多年前就有这样的典型事件，如图13，2005年2—4月，国内某大型粮油公司在CBOT（芝加哥商品期货交易所）抛空大量豆油期货，为内地销售豆油套期保值。此后直到7月中旬，CBOT豆油期货一路走强，而国内豆油却一路下跌，期货与现货两个市场发生严重的价格背离，导致同时出现巨亏。近几年这样的案例依然存在，有的甚至更加令人震惊、发人深省。

现实中的惨剧一再发出警示：“现货市场供需状况决定期货市场价格”的观念存在重大隐患，必须要重新审视。

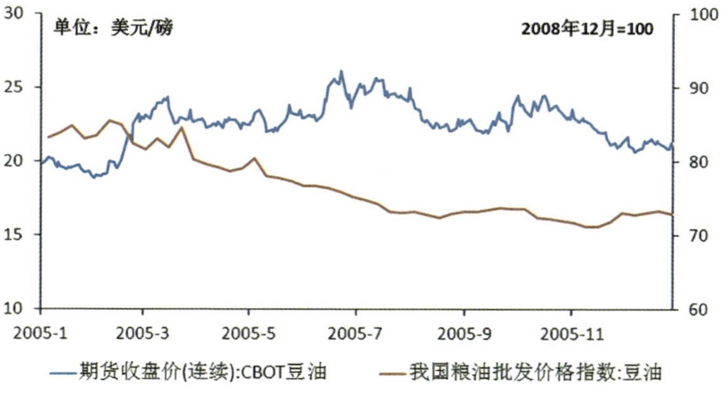

图13：数据来自芝加哥期货交易所，WIND

那么，期货价格是否会因到期交割日来临而向现货价格靠拢，最终回归于现货价格？期货市场曾经发生的商品期货“天胶逼空”“胶板逼空”事件，以及国内其他多次期货市场“逼仓”事件，无一不在表明：价格由期货市场发现和决定，而非由现货市场供需状况来决定。期货价格交割日不回归基本面，严重脱离现货供需和价格的情况比比皆是。

既然对现货市场的研究不能判断价格趋势，且哪怕到了交割之日，现货市场也决定不了期货价格，那么，我们做期货还有必要关心现货市场吗？直接研究期货市场本身，然后在这个市场里进行交易，岂不是最简单明了的选择？

错误的做法，是对期货市场价格运行规律研究不透、把握不准，而脱离期货这个“本源”市场，去往现货市场这个“另外”市场，试图通过供需状况的分析，得出价格判断，再回过头来，到期货市场指导交易操作。这就完全忽略了：影响期货市场的因素众多，无穷无尽，岂是某一种因素所能决定？把供需当成期货价格变化的依据，属于以偏概全。这样的基本逻辑错误，对于证券期货投资往往意味着重大的风险漏洞！

期货投资分析，大致分有三个“门派”，分别是：基本面分析派、技术派，另外还要加上个“兼收并蓄”的中间派。

基本面派强调对现货基本面的研究分析；技术派只关注期货价格本身；中间派则会在基本面和技术之间关注一个、参考一个，可能侧重点有所不同。

选择基本面研究还是技术分析，是投资交易思路的根本，如果在这里出现错位，就是源头的偏差，日后的归宿必然是“渐行渐远”“谬以千里”。多少投资者长期苦苦探索，浑不知自己一直在走弯路，甚至朝着错误的方向南辕北辙行进，关键是没有意识到这个问题，没有解决好这个问题。

不单期货市场，股票投资者中，有多少人在关注公司状况、捕捉各种消息？有多少人还在什么都学、什么都看，却依然面对实际市场茫然无措？

首先排除掉的，或者说肯定不对的，是“中间派”。因为那样既关注基本面、又重视技术面，看似稳妥，实则缺乏根本的、唯一的交易遵循，始终处于标准缺失、无所适从的左右摇摆状态，投资操作根本无法进行。投资交易是多空对决、两军对阵，犹如战场搏杀，交战双方目标坚定、信念如铁，中庸之道、瞻前顾后，结果绝非左右逢源，而将是左右打脸。

然后，来看看“现货基本面”和“期货基本面”的区别。

从图中可以清楚看到，现货市场与期货市场各有各的“基

基本面要素	现货市场	期货市场
核心	商品	期货合约价格本身
决定因素	供需关系	资金博弈
分析依据	产能与消费	多空仓单、成交量等
功能	生产性投资	价格发现
参与动机	行业正常经营利润	套保、交易，套利、投机
其他	运营场所、活动方式、门槛资质等	

图 14：现货市场和期货市场“基本面”分析

本面”。而且，两个市场各自的基本面要素存在根本的区别：

1. 现货市场的核心是商品及其使用价值，期货市场的核心是合约价格本身；

2. 现货市场的决定因素是供需状况，期货市场的决定因素是资金博弈；

3. 现货市场的分析依据是产能与消费现状及未来变化，期货市场的分析依据是多空仓单（资金力量对比）、成交量（炒作热情）等；

4. 现货市场的功能是配置生产性资源（产业投资），期货市场的功能是价格发现；

5. 参与现货市场的动机是获取行业正常的经营利润（加工服务费），参与期货市场的动机是开展基于价差的套保、套利和投机交易；

6. 此外，现货和期货在运营场所、活动方式、门槛资质等等诸多方面也存在明显差异。

鉴于上述两个市场、两种“基本面”的分析，应当将现货与期货两个市场清晰划分开来。

更何况，对于现货市场开展的供需分析，只能指导与产能增减相关的生产活动，怎能跨越市场界限，预测期货价格进而指导投资交易？这样的预测在逻辑上如何打通？没有谁论证过。就如同某个人专业能力很强、综合素质不错，就断言他要升官，这与江湖术士、算命先生的信口雌黄有何区别？更不可思议的是居然有人投资押宝。这样的“参照失据”“以偏概全”“结论脱轨”，是最基本的思维方法和逻辑错误。然而绝大多数机构和个人投资者都在这么做，却未加思辨。

就期货投资交易而言，现货市场与期货市场这两个市场，必须做清晰鲜明的切割。

——研究现货市场，就去参与现货供应，本本分分开工厂、办实业，做好生产商；

——研究期货市场，就心无旁骛去参与期货投资，在价差之间交易，赚取价差收益。

历经期货市场几度沉浮，反思投资领域诸多教训，终于看透认清关于“基本面”和“技术面”的问题。过去对于“基本面”的研究，尽管曾倾注大量精力，但最终却发现，那些东西都近乎纸上谈兵，在实战交易中是徒劳的，甚至带来误导，使自己步入市场设下的圈套。

价格，只有价格本身，才是证券期货投资中需要、值得关心的本质。买的是它，卖的也是它，当然紧紧围绕它展开交易。

义无反顾摒弃那些与交易价格并无必然联系的所谓“基本面”，让公司业绩及供需研究的结论回归实业、回归现货生产市场，勿使其“染指”证券期货投资交易；不再千方百计打听上市公司经营状况，不再听信所谓的题材，不再根据道听途说的“内幕”消息买卖股票；选择且只选择价格（K线图）作为研究对象，开展投资分析、制定操作策略——此为期货、股票、外汇、债券、基金等价格交易者必须首先要做到的抉择，也是投资交易迈向正确方向、避免日后出现颠覆性风险的第一步。

巴菲特这样伟大的价值投资大师，他所看中的股票，也依然要有市场上其他的资金关注并参与进来，股票最终还是要在技术上表现出来、通过盘面成长起来。从这个意义上，完全可以认为：所谓“价值投资”，就是炒作资本利用了价值题材，对标的投资对象进行炒作。而很多情况下，炒作资本对于各种各样的所谓“价值题材”根本漠不关心、视而不见。高明的“价值投资”者，只是比别人更早发现并利用了“价值题材”。这样的案例比比皆是，巴菲特是最成功的受益者。“价值投资”，最终也要靠价差实现盈利，决定价格、价差的依然是包括炒作资本、普通投资在内的市场各方资本，而非“价值投资”资本自身。

在证券期货投资市场，不被炒作的“价值题材”丝毫没有意义，也体现不出投资价值，而对“价值题材”的发掘、炒作，仅仅发生在交易的盘面上。资本投向了哪里、炒作哪些品种都看得清清楚楚、一目了然：资本所炒作的，是它自己挖掘的题材；资本如果不炒作，任你什么“价值”也都没价值。就此而言，依据良好的公司基本面、现货供需基本面，投资于证券、期货市场并期待以此获利，都明显属于一厢情愿的预期，是投资者应当打消的“负面执念”。

交易的核心是价格，盈亏的本质是价差。投资需要始终遵循最本质、最直接的“盘面客观”。

第五节　结缘全国大赛冠军

有些事正面直接去做，未必能有效果，如痴如醉地“留心”，方明白“处处皆学问”。先后结识的两位全国期货大赛冠军，都是观察并依据分时图进行短线交易，且有各自风格和进出场标准和方法。尽管从他们那里只是学到一招半势，后来也没有真正用上，但冠军就是冠军，他们操盘过程或日常言行中不经意流露的只言片语和点滴信息，真正体现着最精华的交易思想和操盘理念。

自 2013 开始，作为“期坛新兵”，我和大多数期民一样，崇拜科班出身的机构大佬和海归精英，买来各类期货投资书，努力去学习各种各样的相关知识，也寻机参加期货公司举办的五花八门的投资分析会。尝试日内交易、跨期套利、跨品种套利等种种交易模式和技巧。

在期货市场上经历几年沉浮洗礼，看了一些书，遭遇了大起大落之后，感觉自己不懂的东西实在很多，特别是盘面的随机波动，简直完全看不懂，有太多的东西需要了解和学习。关键是始终无法稳定盈利。知道了自己的“不知道”，就开始到处寻觅高人，渴望在哪里邂逅一位得道高人，让干啥都行，只要能学到期货交易的武功秘笈。

其间，先后赴深圳参加“知行合一训练营”，在上海参加“中国交易员大会”，在郑州“交易之家”与“古浪”会面，与网上盛传的“烟神”“操盘手86”等诸位大咖进行现场面对面的交流。在北京听一位在台湾叱咤风云的期货界元老授课，深为其理念和方法所动，甚至多方打探通过种种努力赴台北期货业商业公会拜师学艺……

还参加过一个在深圳举行的培训班。周末两天时间，费用4800元，模拟赌场，黑白押注，分组实战对抗。在同等的概率下（规则一定），100多名学员分成12个小组，在进行大约50轮模拟投注后，不同的下注策略（头寸大小）导致不同的收益，胜出者晋级，可参加为期两个星期学费八万元的“高级特训”。培训期间我见识了很多期货中人，现在回想起来，有的是真正去学习的，有的则是培训班的“托儿”。那些现场说法的所谓往届学员，大部分都是“托儿”。在两天的培训结束之际，这些往届学员不断动员大家现场刷卡报名，参加后期的“特训”。这样的吸金培训，我没少去做贡献。

功夫不负有心人。有一次偶然看到消息说周末在苏州有个投资培训，就有一搭没一搭地报了名，反正在家也是待着，还可以让老妈一起去苏州游玩两天。没料到，当时培训现场带领大家进行实战带盘操作的丁老师，竟然是大名鼎鼎的全国期货大赛冠军！

丁老师现场讲解，加之接下来三个交易日的网上直播带盘演练，让我基本掌握了交易中的一个招数：“V字（或倒V）进场法”。这是个日内操盘的模式，当天平仓而不会留单过夜。实战带盘演练中，三天之内时刻盯盘，也就仅仅出现了一次入场机会。那么漫长的等待后，而从出现信号开仓进场到平仓出场，只不过用了寥寥几分钟，然后进入下一次的等待和守候。等待过程中，利用早盘15分钟休息和下午收盘休市时间，丁老师和大家一起聊聊天，做做俯卧撑、平板支撑，三天就这么在一分一秒的等待中熬过去。这才是真正的“功夫不负有心人”啊！

我白天还得上班，即便夜盘也不可能像培训上课那样投入足够的时间精力去盯盘，所以这个学来的操盘“招数”后来几乎一点没用上。再后来，我没能再从丁老师那里得到更多的指教，但是从丁老师这里学到的东西，绝不仅仅是那点“一招鲜”的技巧。在微信联系中他说过的一句话，令我茅塞顿开，“如果你再注意把握确定性高的东西，收益和系统会有更大提高。”“确定性高”，这简单的四个字，将我领进了“概率”的大门，让我从此明白：从来没有完全确定的行情和机会，交易说到底就是“赌”，关键是你与市场对赌之前，要否占有了概率优势（确定性高），以及你以什么方式获得这样的概率优势。

此外，尽管丁老师所教的只有一个招数，但却体现了极为重要的交易思想和操盘理念："V字进场法"，说到底是在"V"的尖顶之处进场，是一种逆势进场的方法，即反市场走势而动，这与市场的多数人完全不同，大多数人在这个位置会采取顺势追单跟进之策。另外，那样的三天等待、几分钟交易，是实实在在的多看少动，是专注一种模式、只做唯一品种的典型示范。这些交易思想、操盘理念和执行纪律，对我后来的操盘交易产生了极其深刻的影响。

与第二位期货大赛冠军的相识，更是充满离奇色彩。有一天，我在某交易类网站里溜达，看到一个帖子让我十分震撼。有个"善先生"，连续发了17个交易日的资金曲线，天天挣钱，并介绍自己的交易经验："从小账户做起，小鸡啄米"；"每天1%，一年下来就是十倍"；"行情价格总是在一定区间内运动，区间之内高抛低吸"……

他的资金曲线和交易方法都深深吸引着我，也引来了大量粉丝拥趸。但是，由于这个论坛是由一个期货培训机构所开设，可能因为他喧宾夺主抢走了版主的生意，很快被版主痛斥并禁止发帖。如此有价值的帖子为何不让与大家分享？就算是期货培训机构的论坛，也应该允许大家各抒己见啊？于是我仗义执言，在论坛里力挺这位"善先生"，还给他发了小纸条表示支持，留下我的联系方式，期待有机会向他请教云云。

大概过了一个多星期，有天我正在打羽毛球，"善先生"

加了我的微信，说看重你为人真诚、正直，等等，表示愿做朋友，一起探讨期货交易中的问题。后来才知道，“善先生”早在2005年就曾取得国内某机构举办的期货大赛冠军。

认识后数月间，他每天用QQ给我发来当天的交易计划书，并在夜盘中即时同步发出交易指令，收盘后我按要求当晚即交上自己的复盘“作业”。

大约5个月后，我和“善先生”终于会面于南京，在金陵饭店的“梅苑”，边吃地道淮扬菜，边敞开了喝，畅叙交易、生活和未来。可惜，也是最让我无法想象的，是事情很快出现了不可思议的结果：仅仅在这次见面两个月后，“善先生”因放大杠杆，以自有资金加上别人的许多倍资金进行“代客”操盘，在几天之内遭受重创，逐渐失了联系。

“善先生”所授高抛低吸的“区间交易法”，尽管只根据一天的波动来做判断，非常局部，缺乏大局观（也是最终失败根源），却从根本上改变了我以往“追涨杀跌”的做法。后来我自己重新建立的交易体系，也正是在这个基础上逐步改进形成。与“善先生”的这段交往，也让我更加敬畏期货市场——哪怕是曾经的冠军又如何？只要你犯错，就会受到惩罚；如果犯下重大的错，必然遭到市场无情的淘汰。

“明者远见于未萌，智者避危于无形”。且行且珍惜。

第六节 投资理念：做坚定的“价格交易者”

在期货市场中，一定要有任凭传言满天飞，任尔东西南北风，咬定青山不放松的定力。信自己，做自己，面对各路消息，不听、不惧，不为所动，只有这样，才能有确定的属于自己的投资思想和交易理念，才能明确知道在交易中该关注什么、应依据什么。

在现货市场和期货市场之间徘徊了很久之后，在揭开了基本面的“面纱”之后，我反复思考，选择要做期货市场中坚定的“投机者”。后来感觉“投机”二字似乎不务正业不好听，也有点过于笼统，考虑到都是围绕“价格”在价差之间谋取利润，就干脆称为“价格交易者”，这样还有好处，就是特别突出了我一再强调的“交易价格本身”。

从进入投资交易市场之初，什么都需了解，什么都要学习，什么都想知道，什么都觉得重要，最后什么都靠不住，到深刻反思教训、找准症结所在、认清根本差别、区分“两个市场”，进而做出坚定的抉择——放弃并无实际意义的所谓“基本面”，只注重价格本身。

这是“投资交易”与“现货实业”的一次分道扬镳；

是资本市场应有交易思想与实业投资通常思维方式的一次分道扬镳；

是实战型投资操盘与“书本式”投资研究的一次分道扬镳；

是“逻辑实证”与“价值空想”的果断分道扬镳。

放弃“基本面”而选择“技术派”，是期货投资过程中脱离投资群体大众队伍、站到他们对立面的主动选择。期货这个“零和”市场，永远只有极少数人成功。不经历这样一次次的“分道扬镳”，不站到投资“大部队”的对面，怎能让自己脱离期货市场中占比高达99%的“亏货”行列？不经历这样的“分道扬镳”，就不可能在未来一天成为极少数，你就永远和多数人一样，在“炼狱”继续挣扎。不经历这样的分道扬镳，就无法完全避免将来有一天和跳楼的大鳄一样，遭受灭顶之灾。万分之一的成功登顶者，注定要孤独地站在所有投资者的另一边，甚至是对立面，“真理有时掌握在少数人的手里”。敢于直面、勇于批判、断腕纠错，是投资交易迈向成功的唯一道路。

——投资交易之“技术派”，至此，自此，有了基础理论，形成了清晰的投资思想和交易理念。这也是本书与其他证券期货类投资书的不同。

人生需要探索。紧盯梦想，大胆假设、小心求证，以区别于常人的视角和思路，去寻找发现区别于常人的真相和规律，才能得到区别于常人、仅属于自己的独特结论和成果。

投资交易最基本的追求，乃是降低风险而增加确定性，投资者一定要首先屏蔽各种不相干信息的干扰，专注于确定有用之处，建立属于自己的一整套投资思想、交易理念，形成基本的方向、原则、标准。只有这样，才能在瞬息万变的期货市场里，拥有“千磨万击还坚劲，任尔东西南北风”的定力；只有这样，才能纲举目张，逐步建立完善相对稳定的、有优势、有胜算的交易模式。

尊重权威，但不意味着放弃自己的判断和探索，更不意味放弃原则和标准，抉择之时需要自我担当。

不跟风、不盲从、不迷信，人生的风景线是自己。

你是你，活出自己的精彩。

第五章

坚守：“二元”交易系统

在公元33年，犹太历尼散月十四日，也就是耶稣受难前的逾越节晚餐上，耶稣遣走犹大后，拿起一个葡萄酒杯子，吩咐11个门徒喝下里面象征他血液的红葡萄酒，由此创立了受难纪念仪式。后来，人们认为这个杯子因经历特殊而具有某种神奇的魔力，传说如果喝下其盛过的水，就将返老还童、死而复生并且获得永生——这就是传说中的"圣杯"。每个怀揣梦想进入证券期货市场的投资者，都渴望得到这样如同聚宝盆、摇钱树一般的交易"圣杯"。从实际上说，这种人人渴望的"圣杯"，应该就是某种持续赚钱的证券期货投资的交易模式。"圣杯"只是传说，而投资人的交易模式，则需要探索构建。交易模式的核心，是围绕"价格"，形成一个完整的投资操作体系，而后坚守。

第一节 基本形态：振荡与单边

单纯研究某个价位，对于交易没有实质性意义，价差才是研究的重点。价格随时间而变化，顺序连接起来即为价格形态。价格形态高低点的变化规律，正是“价差研究”的关键，投资交易据此展开。

对于价格形态的研究，各类书籍充斥市场。价格形态的样式，多不胜举：整理形态、突破形态、中继形态、反转形态……

大类别形态中还套着小形态，比如，整理形态中就有三角形、矩形、楔形等。

反转形态包括底部、头部两类。底部反转形态分别有头肩底、钻石底、岛形底、“W”底等；头部形态与底部形态反向对应。

形态还有各种变异，出现一些不规则变化……

以上各种形态都存在于实际的市场当中，全面了解很有必要，绝大多数投资者也已经做足了这方面的功课。但真正对投资有意义的形态是什么？如何对纷繁复杂的价格形态进行研究？对此，越复杂越多元，越无所适从，应由繁到简。

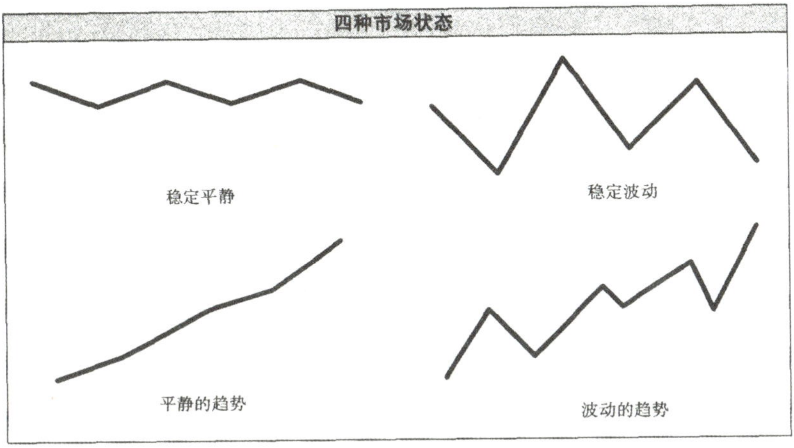

图 15：基本价格形态示意图

如上图 15，《海龟交易法则》将价格形态归纳为“四种市场状态”：稳定平静，平静的趋势，稳定波动，波动的趋势。

亦即：稳定平静、稳定波动；平静的趋势、波动的趋势。再进一步归纳，则更加简化为两种形态：稳定和趋势。

客观看来，价格总是处于波动之中，波动是常态，而稳定是波动幅度降低的特殊状态，波动仍在，只是幅度缩小。故此，所有价格形态可归纳为两种基本形态：波动和趋势，即“振荡”和“单边”。波动为“振荡”，趋势为“单边”。

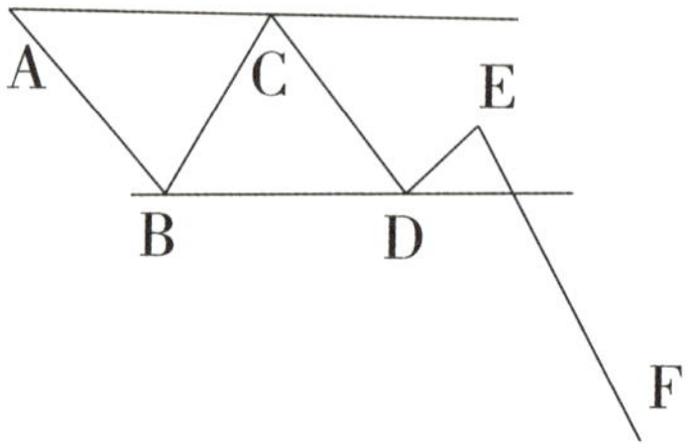

图 16： 振荡与单边示意图

如图 16，价格总是处于“振荡”和“单边”两种状态：要么处于 A–B–C–D–E 的振荡之中，要么形成 E–F 的单边（上升或下降）之势。任何交易品种的价格都是这样运行，只不过振荡的高低点不同而导致振荡形态上的差异，单边运行也并不会如图一般流畅。但无论过程多么曲折，整体上都不外乎“振荡”和“单边”这两大基本形态。

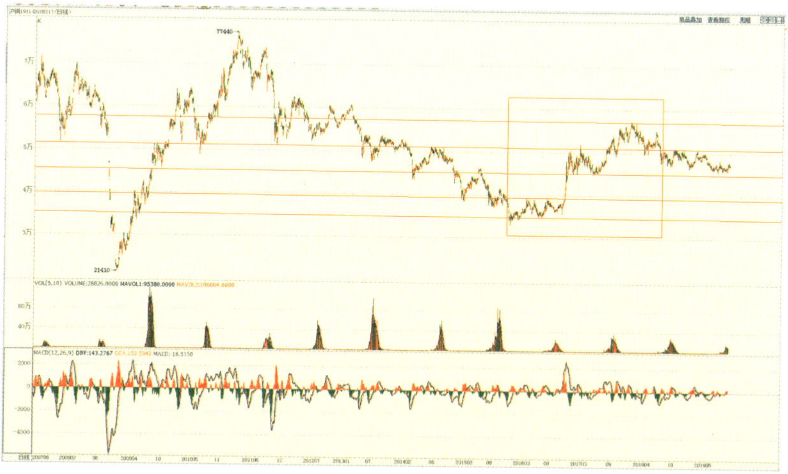

图 17： 随机截取的沪铜日 K 线走势

由上图可以比较直观看到：方框范围内，2016 年 1 月至 2018 年 7 月两年半时间内，价格在底部 35000—39000 元之间振荡，而后形成单边向上之势，升至 50000 元；然后在 45000—50000 元之间振荡，而后再次形成单边逐级走高，抵近 60000 后再次展开振荡。

确定振荡和单边这两种基本形态，对于交易的意义何在呢？实际操作中，对于“振荡”行情和“单边”行情，要分别采取相应的操作策略。

第二节 振荡“反之动”

振荡行情，在相应的区间顶部、底部，反向开仓操作。市场大部分时间都在振荡，做好振荡行情是投资的基本功。

《老子》通行本第四十章说“反者道之动”，意思是循环往复的运动变化，是道的运动，阴生阳，盛极而衰。中国早期商业理论家范蠡，正是践行“反之动”，从而取得了经商的巨大成功。我大学同宿舍的同学王敏，任教于首都某著名院校时，曾专门研究范蠡的商业之道，各地竞相邀请他去讲课，有时还拿出几张讲课费请几个兄弟撸撸串，我由此也特别关注范蠡这位“商圣”。

范蠡，曾帮助勾践灭吴国，称霸诸侯，功成名就之后急流勇退，隐姓埋名，自号陶朱公。后定居于宋国陶丘，在这个居于“天下之中”之地，操计然之术（根据时节、气候、民情、风俗等，人弃我取、人取我予，顺其自然、待机而动）以治产，没出几年，经商积资成为巨富。他建造粮囤，在每年新粮充裕价低之时大量收集，到次年春荒缺粮价高之时悉数卖出。他一生三次经商成巨富，三散家财，且著书立说，形成了我国最早的经商理论。世人称赞他"忠以为国，智以保身，商以致富，成名天下"，历代生意人皆供奉其塑像，尊为"财神"。

"反之动"的智慧，不仅包含着老子的辩证思想，更有"财神"范蠡实践经验的印证，它同样适用于证券期货交易实战。当价格处于振荡之中，在没有形成"单边"之势前，可采取反向开仓操作。

在振荡向下至低位，反向上开仓做多；在振荡向上至高位，反向下开仓做空。如下图 18：

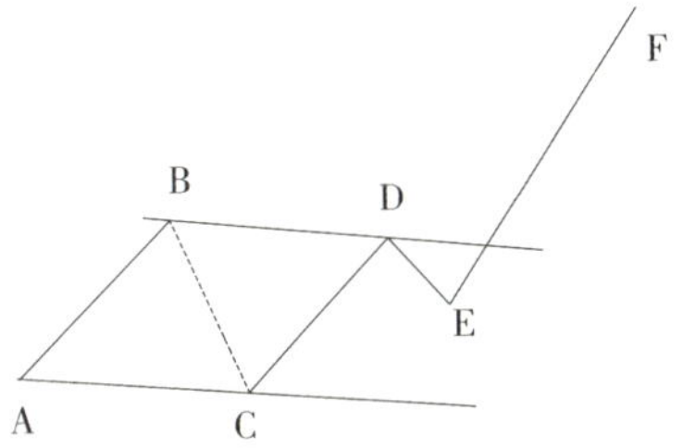

图 18：振荡行情进出场示意图

当价格由 A 到 B，再回到 C 时，前期 A 点附近形成支撑即可向上开仓做多；同样可在 D 点做空。

实战如下图 19 方框所示：

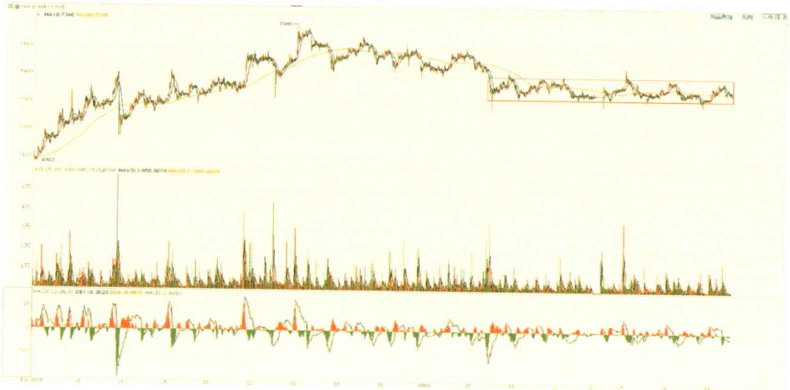

图 19：菜油期货 5 分钟 K 线图的振荡行情

2019 年 9 月 5 日开始，菜油期货 5 分钟 K 线具有明显的“振荡”特征，振荡区间大致在 7300—7400 之间，上下空间 100 个点。在此期间，可采取“反之动”交易策略，一月之内，有八九次的操作获利机会，累计 800 点以上。

同样如下图 20：2019 年 9 月 5 日至 17 日，白糖期货 5 分钟 K 线形成明显的“振荡”特征，振荡区间大致在 5450—5550 之间，上下空间 100 个点。在此期间，可采取“反之动”交易策略，两周之内，亦有五六次操作获利机会，累计 500 点以上。

实战当中，由于行情总是连续的，我们所发现的“振荡”，都是在前期运行的基础上而来。因此，“振荡”行情也要以行情发展的思路顺势来做。比如上述两例，菜油“振荡”行情形成于前期价格下跌之后，顺势就只做空不做多；白糖“振荡”行情形成于前期价格上涨之后，顺势就做多而不做空。当然，

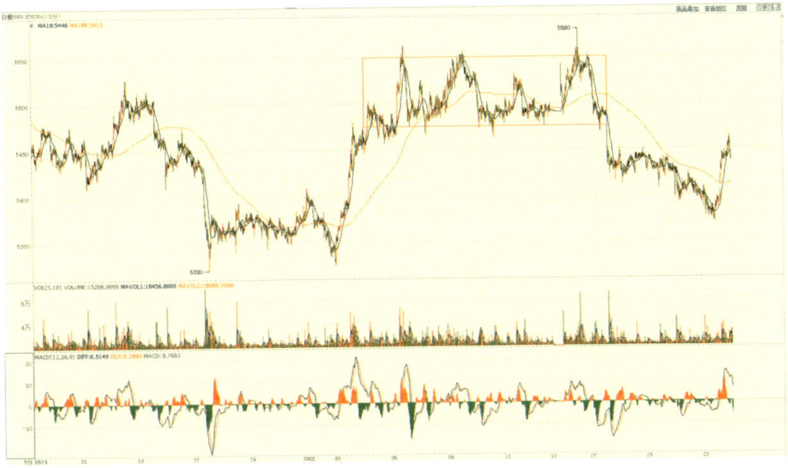

图 20：白糖期货 5 分钟 K 线图振荡行情

这样肯定会减少一半的投资获利机会，是主动放过"非顺势"的机会。

第三节　单边“顺势为”

单边行情，沿着已经形成的上、下行通道，同向开仓操作。相对于振荡行情，单边行情的机会要少很多，一旦出现就应好好珍惜把握。

下图 21，是海龟交易中，首批交易员利用“单边”行情首次获利的图示。

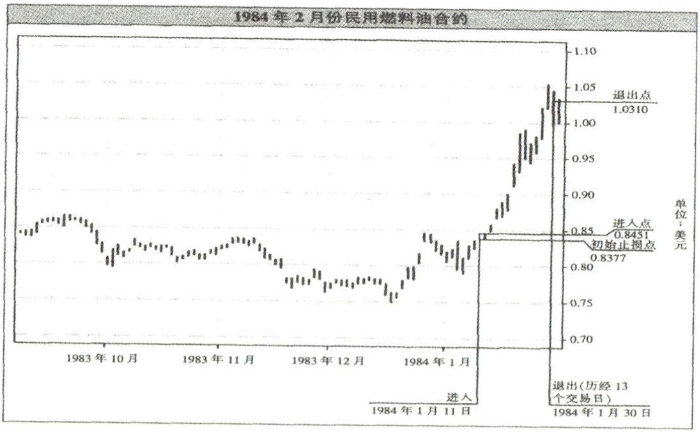

图 21：单边上升行情 K 线图

可以看到，“单边”行情来临时，往往能够带来快速、大幅获利机会。正由于此，无数投资者孜孜以求，都在寻找这样的大行情机会。

目前在市场上的各种投资书籍，无一例外都把“顺势而为”推崇为投资盈利的法宝。因为在投资领域，必须是市场独尊，人人看其脸色，唯其马首是瞻。否则，必被市场消灭。不过，顺势而为在什么情况下才能去用？说不清楚这个，“顺势而为”也照样会让人亏得很惨。

且看下图 22：纸浆期货 30 分钟 K 线，在方框范围里，价格先后五次出现明显的上冲突破，如果此时“顺势”跟进做多，则很快遭遇大幅回调，造成连续亏损。为什么？因为没有区分清楚“振荡”与“单边”。

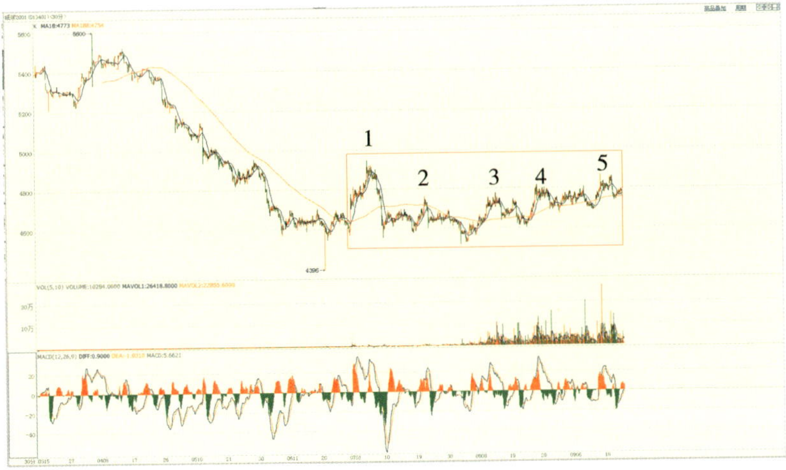

图 22：单边行情应防止水平线上的假突破

连接2、3、4、5和在此期间相应的低点，就会清晰地看到，纸浆期货一直还处于一种振荡形态（如下图23）。上一节中已阐述，“振荡”行情要反向开仓“反之动”。而“顺势为”，只有在出现“单边”价格形态时方可使用。下图看得十分清楚，在价格摆脱振荡区间之前，纸浆期货并不存在单边“顺势为”的机会。

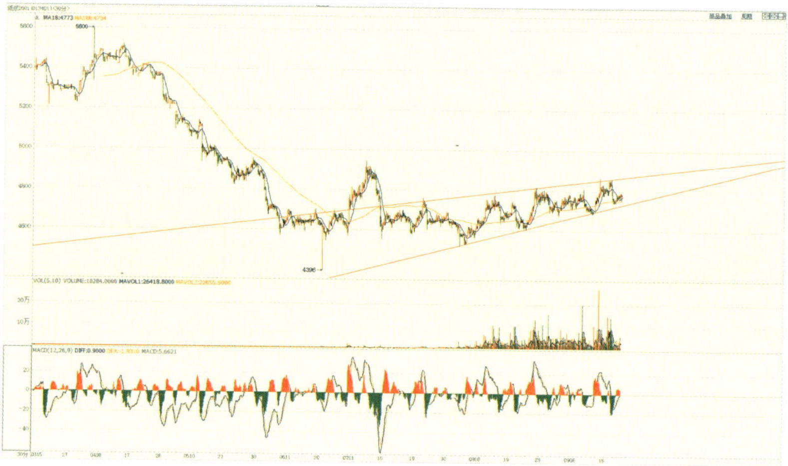

图23：区分单边行情与振荡形态

韩愈说“千里马常有，而伯乐不常有”，这句话改造一下，用在投资市场，应是“行情常有，而单边不常有”。抓住一波大行情，快速暴富，谁都在这么想，可是假突破、假动量、假指标，都在挖设陷阱，多少人在这里栽跟头。

在日线、60分钟、15分钟、3分钟K线等大小不同的时间周期上，振荡与单边的走势会交替呈现，它们的组合，共同构成价格的整体走势。因而，“反之动”与“顺势为”的操作时机，也会在大小不同的时间周期上随机出现——所谓高频交易、日内短线、隔日波段、趋势交易的区别，由此而来。

由于"单边"行情往往非常快速，追单开仓常常还没反应过来，就已经面临较大的回调风险。因此，放弃小周期的"单边"行情，放慢节奏，而在大周期、大趋势来临时展开顺势操作，相对更稳妥。

判断"单边"行情，必须有可靠的标准和依据，这个因人而异，但一定要有这样的标准和依据，不能跟风追涨杀跌。

图 24：甲醇期货跌落高位平台后出现单边走势

如图 24，甲醇期货在经历方框内将近三个月振荡后，向下形成"单边"行情，一个月下跌 900 点，跌幅近 30%。像这样振荡蓄势充分、行情展开后持续性较好的"单边"行情并不常见，需要长久等待，好好把握。

第四节　照顾好你的头寸

搞清投资操作的多空方向，犹如确定了一场战役的决心，接下来要研究的，是投入多少兵力、如何组织实施，以达到预定之目标。投资人就是这场战役的指挥官，职责是确保付出最小代价，而赢得战役。

头寸（position）是金融行业常用的一个词，在金融、证券、股票、期货交易中经常用到。汉语将其翻译为“头寸”，据说源于民国时期作为货币的“袁大头”每十个摞起来为一寸。

在期货交易时，买入开仓期货合约，所持有的头寸叫多头头寸，简称多头；卖出开仓期货合约，所持有的头寸叫空头头寸，简称空头。由此不难理解，通俗来讲，“头寸”就是持仓量、资金使用率，它表明投资者使用杠杆的水平和承受风险的大小。在本节标题中的提法，之所以不采用“管理好你的仓位（资金）”，而用“照顾好你的头寸”，皆因一个“头”字，足以强调此事的重要程度——小心哈，搞不好就会因此被市场削掉脑袋！

头寸，往往是一笔交易最终盈亏的关键。期货交易在实际操盘中，经常会出现“做对方向却亏了钱”的情况，通常的原因，就是头寸管理出了问题，投资仓位过重。

如下图 25，鸡蛋期货在方框内出现 4530—4580 元之间的振荡形态，区间幅度约 50 点，可选择逢高向下做空。

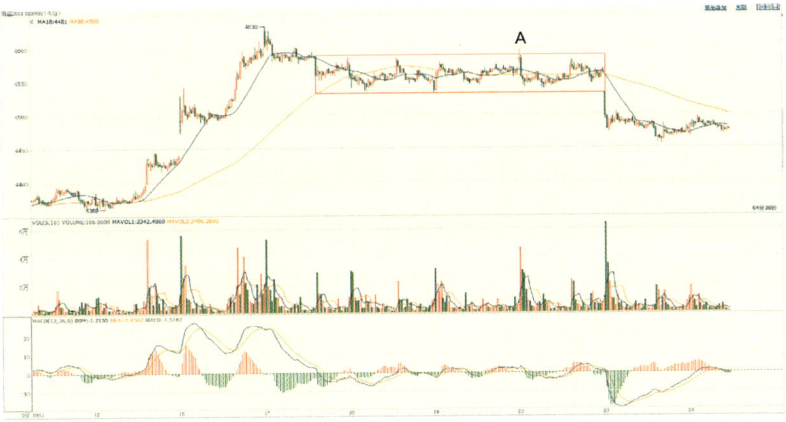

图 25：鸡蛋期货在 A 点虚假上冲突破而最终选择下行

但在价格振荡其间的 A 点处，价格出现短暂上冲动作，越过振荡区间大约 15 个点位。此时如果持有空头仓位较轻，完全可视行情后续演变再决定如何处理。但如果持仓较重，设置止损的空间就会过小，这样受到保证金大幅减少的压力，很容易被迫砍仓出局。满仓者甚至可能直接爆仓。而实际上，行情随后很快下行，空单如果轻仓即有获利。

因此，在类似期货这样带有杠杆的市场进行交易，头寸管理的原则，就是控制单个交易品种的持仓量。关于仓位管理，有个凯利公式，被爱德华·索普应用于二十一点和股票交易中：q=P-(1-P)/R，其中，P 为胜率，R 为盈亏比。在胜率和盈亏比已定的情况下，合适的最佳仓位可据此算出。

通常情况下，最起码要设置个持仓的“红线”：日内交易占用资金头寸的极限应在半仓以下，隔夜持仓头寸应控制在 30%（接近三分之一）以下。在这样的头寸管理之下，交易才能不受盘中随机波动的影响，投资人情绪也能相对保持稳定，不致引起操盘运作变形，有计划而得不到落实。

若同时持仓多个交易品种，应当对单个品种的头寸做更严格控制，以避免总持仓头寸增加而放大账户风险。比如，可设定：不同时持有两个同类商品合约；单个交易品种头寸控制 30%，两个品种总头寸控制 40%，三个品种总头寸控制 50%；持有更多品种，仓位永不超过 60%。

建仓动作一般不会一次完成，而是分批开仓。

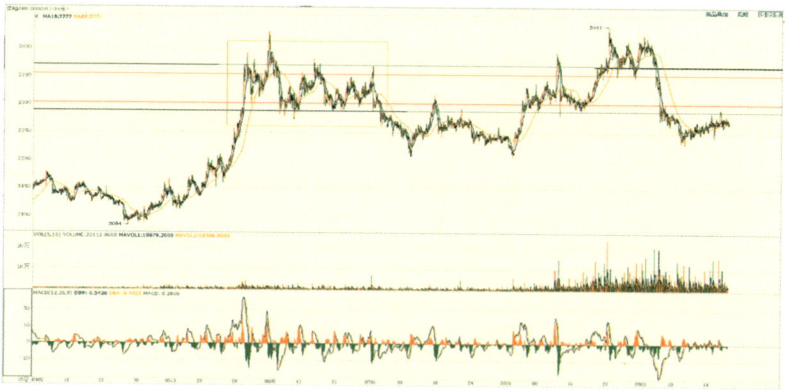

图 26：菜粕期货建仓区间图示

如图 26，菜粕期货 15 分钟 K 线，在方框内形成 2290—2370 元（外侧黑色线）的振荡，区间幅度约 80 点。操盘计划：在价格向下回落至 2290 附近做多，仓位 30% 以内，上限 50 手，持仓目标价 2370。

为达到建仓目的，不错过入场机会，又确保头寸合理，振荡行情的建仓动作应分步实施：

1. 将 80 点空间均分为 5 档，每档 16 个点；

2. 下方紧靠 2290 的一档，作为建立多单的区间，即 2290—2306；

3.50 手以内开仓数可依次排列为：1+3+12+32=48（手）；

4. 将 16 个点建仓区间分为四档，每 4 个点入场一笔：

2302 开多 1 手，2298 开多 3 手，2294 开多 12 手，2290 开多 32 手；

5. 上方紧靠 2370 的一档，作为获利了结区间，即 2354—2370；

6. 止损价定为 2290−16=2274 位置。

振荡形态"反之动"的反向（做多）开仓，如此一来就形成低价头寸大、高价头寸小的持仓结构。价格越低、开仓数越大的好处，在于确保最大数量入场的一笔头寸（32 手），承受最小止损代价 16 个点；而如果行情如期上升至 2370，则 32 手大单获利幅度也达到最大的 80 个点。

上述策略止损的最大亏损：10（1×28+3×24+12×20+32×16）

=8520 元；

上述策略最大盈利：10（1×68+3×72+12×76+32×80）=37560 元；

上述策略盈亏比为：37560/8520，即 4.4 ∶ 1。

单边“顺势为”，同样采用分批方式建仓，其原则同样为：越靠近止损位，建仓头寸占比越高。由于行情发展会距离止损价位越来越远，因此，后续加仓应逐级减小。为压缩止损空间，在单边行情中，单个交易品种也可一次性建仓至最大控制头寸。

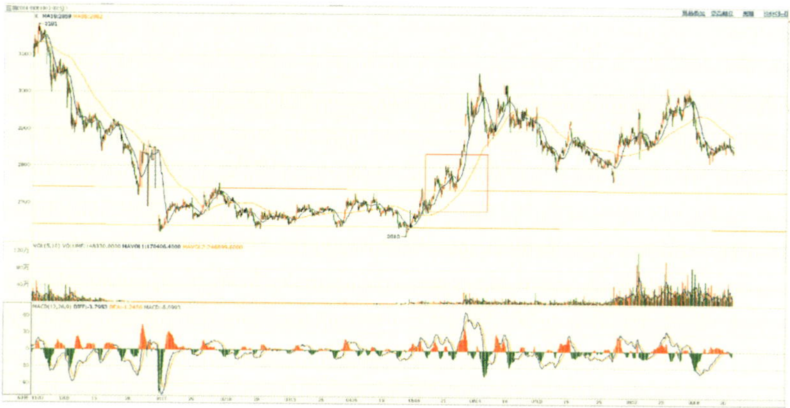

图 27：豆粕 60 分钟 K 线

如图 27，在方框中摆脱前期振荡，走出单边形态，在回调至振荡区间上沿获得支撑后，可依托区间上沿设置止损，顺势向上做多，稳健的开仓动作应是分批建仓、盈利加仓，激进投资者也可一次完成，达到最大控制头寸 30%，前提是止损位置要足够近、止损幅度足够小、仅持有豆粕一个品种。后续随着账户盈利结算，根据保证金余额增加的情况适度增加多单数量，但因距离止损位置较远，应逐级减少开仓数，形成“金字塔”式持仓结构。

建仓方式有左侧逆势“接刀”，也有右侧顺势“上船”。与行情方向相反的“接刀”方式开仓，常常被高频操盘手在1分钟K线、分时图甚至闪电图这样的极小周期的交易中使用，这需要超快的头脑反应和网速支持。一般的投资交易者，还是待走势明朗顺势“上船”较稳妥。

第五节　计划好你的交易

在掌握投资理念、交易思想、操盘要领之后，需要制定详细周密的交易计划，将以上投资交易相关的一系列要点，分解并转化为具体、明确、可执行的交易预案。只有如此，实盘操作才能得到最基本的指令，形成一致、规范的交易动作，且避免陷入临场随手交易和情绪化交易。

在战场上，指挥员每打一仗之前，都一定要根据战场态势，视敌我双方情况、攻守地形特点等，制定严密的作战计划。证券期货投资，犹如硝烟弥漫的战场，各方资金力量角逐，形势瞬息而变，如果没有提前制定交易计划，事到临头必然会疲于应付、晕头转向，仓促间应战，则错误、失当、昏招也就肯定在所难免。

交易计划的核心，是制定简洁明确、易于执行的交易预案。实盘交易中，由于缺少临场应变的交易预案，多数投资者面对暴涨暴跌的行情，或受到倾泻而下的大手笔仓单影响，抑或被一笔亏损单子打懵，往往在疯狂的市场面前，做出各种漏洞百出操盘举动：本该观望却冲动进场；本该止损却补仓死扛；本该持仓待涨却"落袋为安"放跑大行情；本该专注一个品种却"见异思迁"信手乱来；本该认输停止交易却杀红了眼，押上全部资金，定要舍命一搏……代价都十分惨重！

巴菲特的投资"三铁律"：第一条是保住本金，第二条是保住本金，第三条是记住前两条。本金，本金，还是本金——重要的事情说三遍。对于操盘交易而言，制定预案的重要性同样如此，预案，预案，还是预案！只有计划好你的交易，才能在实盘中"交易你的计划"，朝着"知行合一"的正确方向迈出关键一步。同时还要明白，交易预案，本身就是交易系统的重要组成部分。是否能够坚持每天制定交易预案、执行交易预案，正是专业交易员区别于普通投资客的重要特征。

交易预案，通常应重点明确以下几个方面：

1. 大势和方向判断；

2. 入场点位；

3. 开仓数量（资金占比）；

4. 止损位置（变盘应对）；

5. 盈利平仓点位。

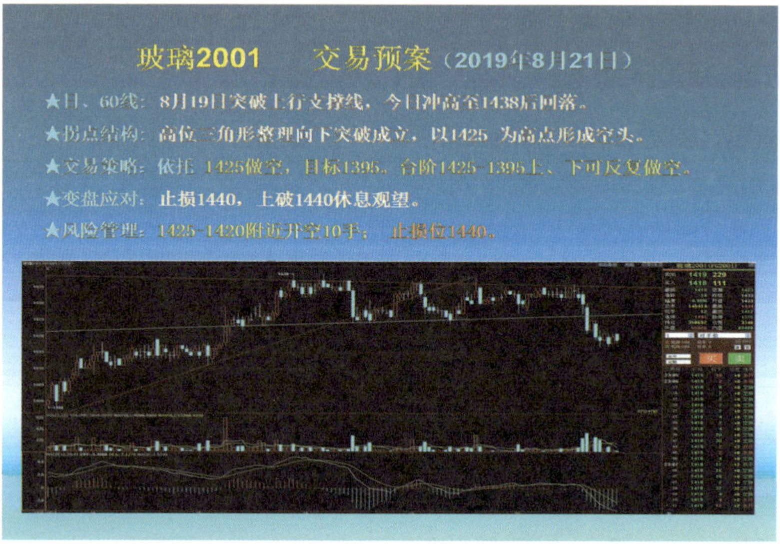

图 28：2019 年 8 月 21 日玻璃期货的日内短线交易预案示例

大势和方向判断，是交易预案首先要明确的要点。如果连多、空方向都搞不清就进场交易，缺陷会立刻被市场发现，并受到其严厉惩罚，失败就注定是板上钉钉。实际交易中，一旦方向确定，行情就会持续展开，不断往前发展，而不会轻易扭转。但是，却常常有不少的交易者在一天的交易之中，时而做多、时而做空，这样“多空通吃”的操作哪怕取得一点收益，也是偶然的、临时的，迟早要尝到违拗市场的痛苦滋味。

入场点位，是在深入分析价格运行状态和特征的基础上，所选择的相对安全的开仓进场位置。这个点位（或区间边界）要清晰而确定，而不是含糊的、可随意变更的。将其写入交易预案，更利于不打折扣地完全执行。

开仓数量，是在账户可承受的风险范围能够建立的最大头寸，具体可参照上一节关于头寸管理所述。由于这关乎账户安全，必须在交易预案中进行清晰描述。

止损位置，要着重根据两个方面的因素来综合衡量，除了要观察盘面特征，如运行区间的关键支撑与阻力位、大手笔仓单进出场位置等；更重要的是要考虑此笔交易造成亏损的承受范围，亦即从账户安全的角度来衡量，看最多只能亏多少。在重点考量以上两方面因素的基础上，将止损点设置在最大可承受之处。止损价位一旦最终确定，就应鲜明写入交易预案，且作为红线、底线、生命线，不得更改！需要注意的是：止损位设置也有一般的评判标准，好的止损设置，不是被打掉变成实际亏损，而是永远不被打掉——说明账户处在很好的安全可控状态。止损位置如同杠杆的支点，它要撬动的不是若干个盈利点位，而是行情发展的方向。以小搏大，精髓即在此处：以若干个点位的付出为代价，去博取一段趋势性行情。

盈利平仓点位，是真正实现盈利的重点，实战中也往往是投资者面临的一个难点。难就难在这个点位如果把握不准，可能造成两种结果：一是平仓早了，没赚到主要行情波段；二是平仓迟了，辛辛苦苦却是来回坐电梯，眼看到手的利润又跑掉。会买的是徒弟，会卖的才是师傅。手中仓位何时平掉最划算？这要根据操盘实际来定。

首先要看行情性质，是振荡还是单边。振荡行情就在区间边沿附近主动平仓。单边行情就跟踪价格，合理移动止盈线，而不进行主动平仓。单边行情要赢的是行情方向，而非区区几个点位。因此，关于单边行情的盈利平仓需特别强调：趋势交易者选择在某个点位进场，是因为判断该点位完全反映了行情的趋势特征。那么进场之后就要对盈利点数视而不见，只专注于跟定行情发展的方向，方向只要没变，头寸就始终坚守，直到确认行情方向已经不再延续，甚至回调将止盈委托打掉，才会“自然出局”。要做的是方向，而不是盈利点数，切勿见利心喜，抛却了跟踪趋势的初心。

其次，还要看操作风格，是日内短线操盘，还是持仓过夜交易。日内短线一般注重盈利的多次累积，而非一笔交易盈利的多少，因此只要根据自己交易频率，预估全天总盈利能够达到收益目标，即可平仓退出交易。例如：目标是每天实现收益1%，通常情况下每天交易5笔左右，则每一笔盈利超过0.2%，即可平仓退出，或将止盈位置移至盈利0.2%相应的点位，后面任凭行情发展，但底线是保住这一笔0.2%的基本收益。

第六节 交易思想：技术只是战士的铠甲

切莫以为，拥有一套交易系统，就可以拿起来当作兵刃，到市场中砍瓜切菜一般挣钱了。交易系统并非进攻的武器，而仅仅是战士的铠甲，它的根本作用，是抵挡市场风险，避免身受重伤——保命。

证券期货投资有一个尽人皆知的提法，叫作"高风险投资"。人们大都认可这类投资属于"高风险、高收益"，却忽略了它还存在别样的认识角度："高风险、无收益"，甚至是"高风险、负收益"。面对"高收益""无收益""负收益"都有可能的投资市场，首先要考虑的，就应该是避免"负收益"。很明显，谁能够在投资当中管控风险、降低风险、化解风险，谁就能远离"负收益"、跨越"无收益"，不断去接近"高收益"。

何为风险？风险是指一个事件产生我们所不希望的后果的可能性，也就是遭受损失、伤害、不利或毁灭的可能性。需注意这里的关键词：可能性。通俗地讲，风险就是发生不幸事件的概率。从广义上讲，只要某一事件的发生存在着两种或两种以上的可能性，那么就认为该事件存在着风险。“可能性”又是什么？“可能性”也就是“不确定性”。

那么，管控风险的根本方法，就是变“不确定”为“确定”，从而有效降低和化解风险。一套正确、可靠、明晰、易行的投资交易系统，其作用就是让“不确定”变成“确定”，从而消解证券期货投资中不可预知的风险。这一点，相信能够从本章节中关于最大亏损的示例，看得十分清楚。

但并非管控住风险就能得到“收益”，也并非构建起交易系统就能不断盈利。构建完善并用好交易系统，只是给投资者穿上一身铠甲，让你在博弈战斗中规避风险、免受重伤，保存生命和战斗力，匍匐在地、耐心守候，以迎来市场给予的获胜机会。

铠甲“穿在身上”能否发挥作用，关键要配合投资者一颗“防守”之心。铠甲就是铠甲，决不能把它当作刀枪剑戟般的武器，用它挡箭而不是去冲杀灭敌——交易系统的作用，是控制风险、确定最大损失，而不是用来计算获得多少收益。

用正确的方法做事，不要犯错，在坚持中等待成功的良机到来——投资交易中的所感所悟，让我联想到两句类似的话：

凡事预则立，不预则废。

机会总是青睐有准备的人。

第六章

突围：打开心锁出“炼狱”

唯有历经“炼狱”洗礼，才能驱除人性弱点；唯有穿越“炼狱”雄起，才能超越平淡人生。而“炼狱”突围，并非对外拼杀，全在“内功向内”，逐一打开心中之锁。没有一个操盘手具备与生俱来的交易禀赋，成功者都是在历经心灵折磨和历练后，重生并脱颖而出。

第一节　负相关：欲望与所得

投资人只是特定投资市场中的资金管理者、风险控制者，来到市场的目的是管理资金而不是赚钱——结果赚到了钱而已。目的与结果，不可混淆，至关重要。心一动，则方寸先乱，欲望与所得，在此负相关。

期货投资者普遍都有一种体验，当有意无意间瞧一眼盘面，心不在焉做几笔单子，效果居然挺好。自己似乎顿时找到要领，信心满满而来，然后加大仓位准备抓一波大行情，而连续的重大亏损却接踵而来，令你在万分沮丧中再次跌落深渊。事后分析原因，发现操作中又犯了多个以往的错。根源何在？赚大钱的欲望让你重仓出击，心态早已失衡，操盘动作也已经扭曲变形。

每一个来到投资市场的人，都抱有同样的目的，毋庸讳言就是赚钱。但在期货市场，真就应了那句老话："有意栽花花不开，无心插柳柳成荫。"你越是渴望赚钱、追求盈利，越会莫名其妙地不断亏钱；越是约束杠杆、清心寡欲，反倒越能轻松获利。

欲望与所得，在这里是负相关，简直是一对见不得面的仇家。

欲望是由人的本性产生的想达到某种目的的要求，是心理到身体的一种渴望、满足，是世界上所有动物最原始的、最基本的一种本能。人类的欲望多种多样，诸如食物、钱财、性、尊重、快乐、自由、幸福等物质或精神的需求，欲望无限。人是欲望的产物，生命是欲望的延续，不同的欲望在不同时间不同地点不同人身上尽情表演，因而构成了多彩纷呈的世界和千姿百态的人生。

弗洛伊德指出，欲望作为一种本能，无论是生理性或心理性的，不可能超越历史而存在，它的功能作用随着历史条件的变化而变化，因此欲望总是会无休止地产生出来。由于欲望这种不可餍足的特性，其过度释放会造成破坏的力量；叔本华则认为，欲望过于剧烈和强烈、过度推崇与放纵欲望是愚蠢的，它需要理智的调控与节制。

欲望乃人之本性，不可能自然消失，也无须横加指责，关键在于如何控制。不管是道家、儒家、兵家，还是法家、纵横家，都注重研究“人欲”，以期“从心所欲，道法自然，巧施法术，百战不殆”。而期货市场中欲望的存在，主要是对于金钱财富的渴望，以及由此带来的对盈利结果的过度关注。这种过度关注，表现为想赢怕输、见利“妄行”、小富即安、追涨杀跌等等，会直接导致投资策略、交易计划无法正常执行，最后事与愿违，造成交易失败。因此，期货交易首先要看淡交易结果，看淡每一笔交易，将关注点放在交易方案的执行上来。

古时，金碧峰禅师修成正果，在五台山一带弘化一方，普度众生。皇帝对他非常敬重，特赐他一个玉钵。金碧峰禅师对财色名利、功名利禄等世俗一切早已放下，唯独对这只玉钵情有独钟，爱不释手，渐生爱念。有一天他的阳寿到了，阎王爷派无常小鬼去抓他。金碧峰有禅定功夫，能预知时至，于是就进入甚深禅定，与虚空同体，跳出三界外，不在五行中。无常小鬼来到他的住处，找遍了整座寺院，又找遍了整个三界，都找不着他。

眼看一天天过去，无常小鬼没办法向阎王爷交差，就去请教当地的土地公。土地公说："这个金碧峰禅师是个已经明心见性的圣僧，禅定功夫了得，想必现在正处于禅定之中，你们抓不到。要想抓他有个办法，他有个玉钵特别珍爱，唯独放不下，可引他出定。"无常找到玉钵，敲得叮当作响。金碧峰禅师听到玉钵响，心念一动，马上出定，被无常们抛过夺命链一下套住了脖子。

金碧峰禅师了知，几乎毁掉自己千古慧命的，只有一时贪爱的玉钵。于是向鬼差求情通融片刻，把寺院事情交代完再跟无常走。无常鬼差一合计：反正我们抓你也耽误了好几天，迟一会儿也无妨。当夺命链从金碧峰禅师颈上一取下，他拿起玉钵就往地上摔得粉碎，马上再入定，缓缓升于虚空之中。一瞬间，鬼差又找不到了金碧峰禅师。无常小鬼呆愣中听到金碧峰禅师在虚空中做了一首偈：

若尔欲拿金碧峰，除非铁链锁虚空；

虚空若能锁得住，再来拿我金碧峰。

禅师就此安然。

传说是为明理，告诉我们：心若动，则定力全无；方寸乱，则进退失据。如此一来，市场岂能不予惩罚？

人生的境界，看远才能览物于胸，看透才能洞若观火，看淡才能超然物外。期货投资交易，绝不仅仅是拥有一套交易系统，照着做就能 OK。同样的交易系统，不同人操作也会有截然不同的思路、手法和结果。交易需要心性的配合，也是心性的产物。

抛开欲望，只管执行计划，守好防线、控制风险，专注于完善过程、做好当下，静等市场评判。在高杠杆的期货市场，遵规执纪、安守本分得来的奖励，会远远超过贪图获利、擅自冲杀的斩获。投资如此，人生亦是如此。

无欲则强，无欲是金。

第二节 法宝：涨跌、概率与盈亏比

因畏惧、怕亏，望而却步，因“不输此阵、不丢一城”，拒不低头，皆为不明“概率”、不用“概率”；过早平仓、草草收兵，屡屡错失主波段，皆为不明“盈亏比”、不用“盈亏比”。

在证券、期货、外汇等投资交易市场，行情价格走势都是不可预测的。

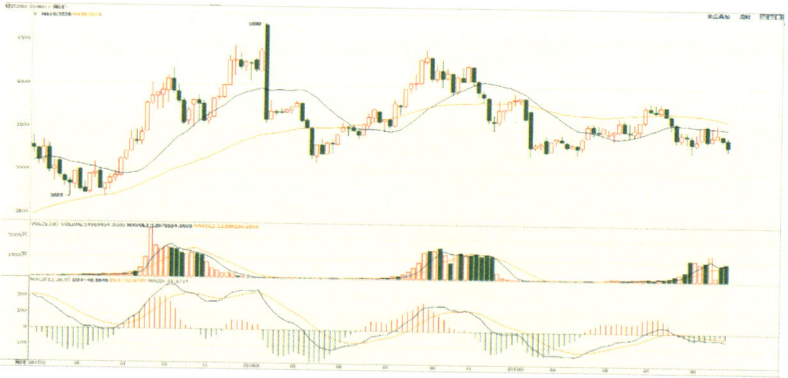

图 29：螺纹钢期货周 K 线图，正处下跌之中

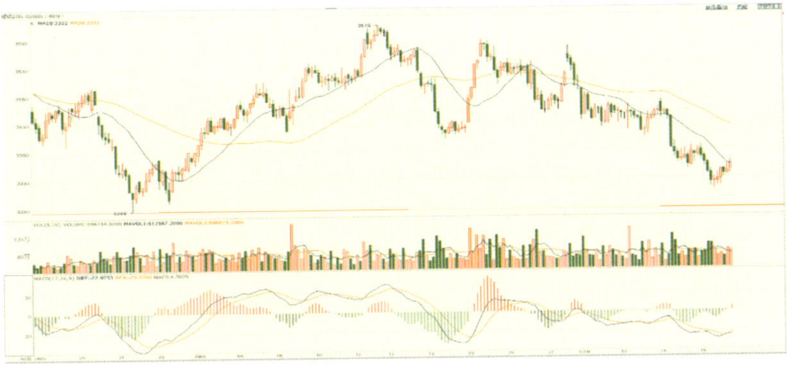

图 30：与上图同一时刻截取，螺纹钢期货 60 分钟 K 线图，正处上涨之中

由上不难看到，行情涨跌之所以不可预测，恰恰因为它在任何一个价位，都可以认为是涨，也可以认为是跌，只看你从什么样的周期上来观察，在什么样的周期上来进行交易。周期变则方向变，脱离交易周期谈行情涨跌，没有一点意义。

也就是说，涨和跌并不是绝对的，如上图 29、30，在螺纹当前 3325 点这个同样时间、同样的价位上，60 分钟周期上的操作可买多，而周 K 线上的操作可卖空，“开仓无对错”，重要的不是方向，而是在什么样的周期上来管好、处理这笔单子。在不同周期之间来回变换的投资者，亏钱的根本原因，就是没有看清这背后的真相——随意转换交易周期，实际上就是随意变更交易方向——这样操作丝毫没有章法，岂有不败？

不同的时间周期之上，行情有不同的方向。那么，在同样的时间周期上，行情的涨跌能预测吗？同样不可预测。试想，若有一人能做到预测价格涨跌，他早就赚走了全世界的钱，这样的牛人至今没有出现，今后也不会出现——期望通过预测价格在投资市场赚钱，完全是徒劳，此路不通，得赶紧醒醒，尽快改弦更张。

在同一时点同一价位上，看多、看空或者做多、做空都没有错。既然行情不可预测，那又如何“跟踪行情”，如何“顺势而为”？如果简单将“顺势而为”理解为能够正确判断行情方向，然后采取相应的操作，就错了。错在仅仅理解了一半的意思。其实，“顺势而为”的完整表述，应当是：“顺势而为，不顺则退。”这看似简单的表述，反映出对于市场的理解是否全面、客观，背后隐含着“胜率”的思维。

何为胜率？就是一定交易次数中盈利次数占总次数的比例。比如交易 10 次，盈利 7 次，亏损 3 次，胜率就是 70%。事实上，70% 这样高胜率很难做到。

美国一流的交易系统设计及运用专家布鲁斯，早在 1976 年就展开交易系统的研究设计，他曾说“就专业交易员而言，其获利交易百分率经常低于 40%”。连专业的交易员都难以做到高胜率，更何况普通的散户投资者？

对交易结果统计得来的“胜率”，也就是交易“做对”的“概率”。认清“概率”，明白其存在的必然，以及看对、做对行情的难度之大，目的是运用好“概率思维”指导操盘交易，在错误发生时果断斩仓离场。期货投机，本来就是概率游戏，风险是不可避免的，一定要学会止损，而把交易的重点放到扩大“盈亏比”上，这才是投资交易最根本的不二法宝。

“盈亏比”，就是一定交易次数后，平均每笔盈利单的盈利点数与亏损单平均亏损点数的比值，如平均每次盈利赚 5 点、亏损赔 1 点，那么盈亏比就是 5/1=5。换句话说，每赚取 5 个点，就要拿出 1 个点作为止损代价。假设止盈 20 个点，止损 5 个点，则此方案盈亏比为 4:1。那么，只要能保证平均在 10 笔交易中盈利 3 次，哪怕亏损 7 次，也依然能够保证赚钱：

止盈点数：20 × 3=60 点

止损点数：5 × 7=35 点

净盈利： 60–35=25 点

但如果我们把胜率和盈亏比反过来呢？胜率保持 70%，盈亏比为 1:4。经过计算可以得出结果：依然会亏钱。

胜率和盈亏比决定了交易成败，在交易中都重要。但追求高胜率很难，甚至压根儿就不靠谱，提高盈亏比才是盈利的关键。在上述例子中，只要保持 4:1 的盈亏比，哪怕胜率仅仅达到 30%，也可在 10 次交易中获利 25 点。要么提高每笔交易的盈利，增大分子；要么降低每笔交易的亏损减小分母。用华尔街的名言来讲，就是“截断亏损，让利润奔跑”。

“行情无方向、开仓无对错”，“顺势而为，不顺则退”。只有让“逆势”的亏损单子立刻止损停掉，而盈利赚钱的单子则“让子弹飞”，提高盈亏比，这样“小亏大赚”，才能长期保持盈利。提高盈亏比的关键，在于方向，而不在点数。

第三节　认输：天地乾坤“一线间”

该止损砍仓时，屡屡下不去手，甚至将防线后撤继续加仓顽抗，止损线一次次形同虚设，痛恨自己没有执行力。认输，任何人都不易做到，但在期货市场，认输是必须跨过的坎儿。再强的人，来到这里也要首先学会屈服，且心悦诚服。

每当价格即将碰触到预设止损价位的那一刻，总会不由自主去更改、移动止损线，以避免浮亏转化为实际的损失。而后退守，再找一个理由，重建一条“新防线”，然后据守，甚至还会放胆加仓。

然后，止损线再次被市场逼近，再更改、再退守……恶性重复，道道止损线形同虚设，一次次被击穿而不执行砍仓操作，“止损线”最终演变成了“无底线”，直至形成重大亏损，眼看爆仓，才不得不忍痛割肉出局。这样的惨痛经历，身在期货炼狱的投资者，几乎无人幸免！而且还在不停地重蹈覆辙。

一次止损，一个简单的平仓操作，为何竟如此之难，难于上青天？人之天性使然。人人生来想赢怕输，来到投资市场目的就是只赚不赔，止损就是认赔认输，这样的结果是任何人都不愿接受的。

面对需要认输认错的情况，正常人出于自我本能，第一反应是疑问：我有错吗？然后给自己找理由，去说明、解释，还会为道理而争辩。但在投资交易中，市场永远正确，当走势与判断不符合时，所要做的，是第一时间低头认输。任何质疑、观望、不决，都会让你付出更大的代价。“市场永远正确”，是绝对的、没有任何前提条件的“永远正确”，是毫无情面、不讲道理的“永远正确”。市场不会听你任何解释。

道理是这样，明白道理是前提，真正做到又是一回事。“鹰眼系统”，让我恍然顿悟：盈亏只在一线间。

鹰眼系统，最先在体育比赛中用于网球，如果只是用于网球，依然与我无关。2013 年春节，我回老家过年期间，两位在洛阳的高中同学韩少锋和师利峰邀我去打羽毛球，让我头一回领略享受了这项既充满乐趣、健身效果又极佳的运动，从此欲罢不能，连续 5 年间每个周末，都要跟专业教练学习半天的羽毛球，平均每周再和球友们打球三四次，如痴如醉。2014 年有一天观看林丹的比赛，突然发现鹰眼系统居然开始用于羽毛球了。

鹰眼系统，首先借助计算机将比赛场地的立体空间分割成毫米级的测量单位，然后将分布在赛场四周的多个每秒 2000 帧高速摄像机与这套计算机系统相连接，从不同角度同时捕捉球体飞行轨迹和赛场空间定位，再将这些数据通过计算机生成三维图像，最后由大屏幕呈现出球体的飞行路线及落点，当运动员申请仲裁时，帮助裁判做出正确裁决。在鹰眼系统下，球的落点是否压线，甚至压在线的内侧、外侧以及压线多与少，都精准到了毫米，更不用说分辨球的落点是在线内还是线外。

羽毛球是否出界，就在那“一线间”，期货交易中的止损，岂不也在“一线间”？羽毛球一线之间定输赢，期货止损一线之间定对错。依托止损线建仓，即使出现一次触线止损，亏钱也只不过在那“一条线”宽窄的区区几个点；如果不碰触止损线，你的头寸一直留在市场中，盈利的空间将如同整个球场一般大小，相对于边界线来说，那将是怎样的广阔天地？球不出界、比赛不中断，胜利的希望就存在；持仓不触线、头寸不止损，盈利的曙光就在前方。

盈亏只在“一线间”，认输同样在这“一线间”，“一线宽窄”止损所承受的亏损，相比整个球场大空间的盈利，又算得了啥？认输，自然是痛痛快快。

接受“一线”认输，做到“一线”止损，当然是期货交易最小的代价、最小风险，能够做到并做好的关键，是如何确定那如同球场边界的“一线”。关于这一点，市场上方法众多，主要有：区间线、趋势线、价格均线、布林线、技术压力与支撑线等，不同交易者各有自己的方法。

选择哪种方法并不重要，重要的是一旦确定了属于自己的那条“止损线”，就不再更改。只有这样，才能确保盈亏只在“一线间”。一条被更改的止损线，实际上根本就不存在。

一线之间，是投资输赢，也是天地乾坤。投资交易中设定的“止损线”，犹如为人处事中做出的赔付承诺，考验的不仅是得失之心，更体现个人诚信。季布一诺值千金。

投资交易有底线，做人做事也都有原则和底线。

原则底线决不能碰触和逾越，更不能失信、退缩。

第四节　利润：时间的函数

做“坚定的价格交易者”，说到底就是要在价差之间谋利。操盘中常见的重要欠缺，是过度关注行情方向及价格高低变化，而忽略了时间对于价差的影响。由此带来的问题：持币则冲动、犹豫，出击失准；持仓则焦虑、急切，仓促离场。

在炼狱中摸索前行的某个路段，行情总是与你“捉迷藏”：在你犹疑之时突然启动，将你扔在原地扬长而去；在你持有头寸时迟迟不动，却在消磨掉你所有的耐心平仓出局后，展开山崩地裂的大波段……

你知道自己对于方向的选择是对的，并试图跟上节奏，把握好行情。对于时机的把握，有着自己的认识：

一是进出场点位明确，止损点不但很好找，而且止损的幅度较小；

二是这笔交易如果失败，单子该怎么止损应该很容易；

三是进可以攻、退可以守的点位。

但是没有用，仍然是一次又一次地与行情机会擦肩而过，无论怎样尝试怎样调整，也见不到明显成效。偶或逮到一次，但下次又让它走脱。这样的情况，已经成为制约投资交易能力、账户盈利水平的关键因素，上升为投资交易的主要矛盾。自己努力做出改变，感觉自己一直在往前走，不断进步不断成长，但事实上，却并没有得到预期的结果，就像推磨一圈一圈不停，却是一直在原地打转。

爱因斯坦曾说：“这个层次的问题，很难靠这个层次的思考来解决。”他以亲身实践和“相对论”这一人类开创性学说，为自己的话语做出了最有力的注解。

那么，如果“这个层次的思考”失效，我们又该如何找到出路呢——向爱因斯坦学习，增加思考的维度，升维思考。

有一个简单的实验：将一束光投注在墙上，形成一片光亮的区域。然后，把手伸到光源前面，在光亮的墙上就会出现手掌的影子。这时候，如果直接在墙这个平面上对影子做修改，能改变墙上影子的形状吗？显然是做不到的。只能回到立体世界的你这个人面前，改变你手掌的姿势，这样才能真正改变影子的形状。

墙上的影子，处于二维平面，而现实中你的手，处于三维立体世界，影子只是三维立体的手在二维平面上的投射。如果想要改变二维平面的影像，就得要上升一个层次，到立体的三维世界去做改变——这就是提升层次、升维思考。

之所以出现以上行情“捉迷藏”的问题，并且一直解决不好，就在于投资交易时，思考和判断都只停留在价格和方向的“二维”空间里，眼中只有涨跌，而忽略了涨跌幅度的大小与时间存在着正相关的同步并行关系。

如下图 31，当趋势（斜率 k）确定后，价差（y）将随时间（x）的延续而扩大——这才是利润所在。

最简单的正比例函数图：y=kx

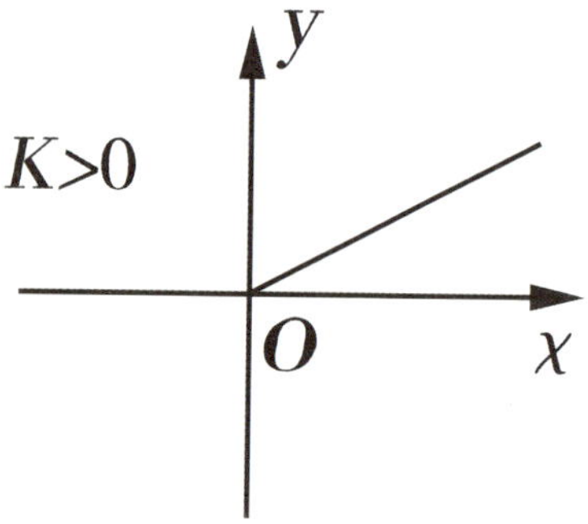

图 31：期货价格与时间关系图示

可以直观而简明地看到：当斜率 k 为正，y 将随着 x 变大而上升。套用到期货交易上来，这个函数可解释为：

当行情（斜率 k）涨势明朗，利润（价差 y）将随着时间（x）扩展而上升。

在进行期货交易时，行情上涨还是下跌（方向正负）、缓慢还是快速（斜率大小），并不由自己决定，而是市场说了算。交易者能够做到的，应该是：

1. 在没有产生趋势之前的振荡中，保持耐心等候。判明已经形成趋势（k），而后进场交易；

2. 尽量长时间（x）地持仓，以等待价差（y）越来越大，不断扩大收益，赚到更多的钱；

3. 直到 k 之方向逆转，平仓退出。

需要注意的是，由于在小的时间周期上，必然杂波较多而缺乏相对稳定持续的趋势性行情，短线、超短线交易者普遍对持有头寸有很大的“厌恶”感，一般不是被动止盈，而会采取获利时主动平仓。这是因为，短线客眼前盘面上的“k”，往往在瞬息之间发生逆转，这样的交易模式下，持仓并不能确定获得正收益，所以就会见利就跑。正因短线交易不容易把握到趋势性行情（k 很不确定），持有时间与收益之间很难形成稳定的正相关，故“只做振荡行情”“日内不过夜”，更应成为高频交易必须遵循的原则，而不仅仅当作“快枪手”的交易偏好。

相对于以上短线的情况，在较大时间周期上的交易，出现明确而持续的趋势（k）并非太难，通过耐心持有头寸，就能获得较为稳定的丰硕收益。

至此已很清楚：

较大周期、顺势入场、坚定持仓，无疑是投资盈利的最优逻辑选择。

交易利润，无一例外都来自你的持仓。好好拿住，拿稳。

第五节 心胸：决定行情大与小

难得等到一波像样级别的行情，却往往抓不住，眼看轰轰烈烈的赚钱良机从手中溜走，而自己仅仅收获些许皮毛。究其原因，就是被回调振荡清洗出局，其根本在于太过看重到手利润，急于“落袋为安”，不肯拿出一部分还给市场——心胸大小决定了属于自己行情的大小，也注定了赚钱多与少。

从进入期货市场之初，重仓出击屡屡巨亏的“取款机”，到谨慎从事小赚大亏的“亏货”，再到不亏大钱也赚不到钱的“电梯工”，现在来到一个新境地：一次次跟对行情，却跟不住行情，早早获利了结，该吃的“鱼身”总是吃不到口中，眼看着发飙的行情脱缰而去，每每望而兴叹。

回过头进行复盘，能够十分清楚地看到：自己离场的地方，都只不过是行情发展中小小的曲折振荡，在轰轰烈烈的大行情中被振荡出局，皆因担心失去到手的利润，而拒绝接受对于大行情来说属于正常幅度的回撤；当振荡调整结束，行情延续此前趋势发展时，要么觉得涨幅过大“高处不胜寒”，要么认为累计跌幅很深“随时会反弹”，而放弃继续跟随趋势进行交易。

深入分析以上情况，会发现丢失大行情的内心原因，都是太过小气，不舍得拿出已经到手的一部分利润，还给市场、还给对手。

上天就是这样公平，他不会把大大小小所有的好处都给你享用，每个人都需要做出理性的选择。期货市场同样如此：想天天赚钱，就只能短线做日内交易，积少成多、集腋成裘；想赚到大行情，就必须放弃“小富即安”思维方式，不屑于零碎小利，甚至必须愿意少取一些、主动“送钱”给你的对手盘——有利必取与赚到大行情，本身就是一对矛盾，鱼与熊掌不可兼得。有句话说得好，“心有多大，世界就有多大”。这句话放在交易中也很合适：心有多大，行情就有多大。

做趋势的，当趋势出现的时候，要尊重趋势、跟定趋势，对回撤必须有一定的承受力。如果理解不了这样的简单道理，只看到不承受回撤的资金曲线站在高位、利润十分可观，思维一致性就决定了必然会主动平掉仓位，从而失去后续大幅度获利的机会。“浓汤野人”林广茂，蛰伏六年、四次亏光，终在2010年的棉花行情中一战成名，600万资金先多后空，创造28亿的传奇。他曾说：“能不能在期货市场赚大钱，更多的是看心胸和目标。如果只有杯子那么大，平时下点小雨总是能装一点水，如果遇到大暴雨，装满也就是那么多而已；如果是游泳池那么大，平时下点小雨什么也得不到，但遇到暴雨，装满就是暴利。”

投资者容易迷失于盈利和亏损的表象，多数人的交易方式将贪婪的本性展现无遗：既要低风险、又要高收益；既想抄到底，又想在高位出场；既想拿趋势，又不愿承受波动……大家每天都在追求确定性、追求利润，纷纷发挥全部的聪明才智，期望找到一种完美的交易方法，追求通往财务自由的“圣杯”。很少人去探究投资交易的本质，没有参悟到：交易之道，就是取舍之道。人人赚钱的市场不存在，只赚不亏的交易者也不存在。

小说《三国演义》及其新、老版本电视剧里，都有“空城计”的故事：马谡失守街亭打乱诸葛亮所有部署，曹魏大都督司马懿亲率十五万大军乘胜直逼西城。此时正在西城的诸葛亮已是无兵可用，无奈之下只好坐在城楼抚琴一曲，上演空城计，吓退了司马懿和他的十五万精锐。

而最新拍摄的《军师联盟》，却对此有着不一样的解读，直接将司马懿识破空城计而故意假装中计的情节淋漓尽致展现出来。细品《三国》也不难看出，以司马懿杰出军事家、战略家的智慧，决不会不知“擒贼擒王”的重大军事战略意义，绝无可能不做任何攻城试探而旋即撤兵。答案只有一个：故意放走诸葛亮。

放走诸葛亮，看似失去大功，实则避免了前朝韩信“飞鸟尽、良弓藏，狡兔死、走狗烹”的悲惨局面，因为司马懿当时尽管官拜大都督，节制曹魏西部所有军马，但根基并不稳固，曹魏皇帝对他既用也防。正是司马懿对空城一“舍”，给曹魏留下一个强劲对手，才有自己保全性命之“得”，也才会有后来的家族兴盛，直到建立属于自家的西晋王朝。

在期货市场，我们不仅很难抓住所有机会、赚取所有的钱，也绝不能够这样去想、去做。如果所有人都赚钱，人人都要“斩尽杀绝”不给对手留下任何机会，作为对手盘的另一方就将全部消亡，“零和游戏”的期货市场自然也不复存在。对手盘和自有持仓，永远是期货市场的对手。即便是对手，也必须相互尊重、相互依存，共同当好市场长期的主人，而不应成为竞相来此抢一把就走的贼盗。“皮之不存，毛将焉附”？你若失去对手，也必然无法独善其身，长期立足于市场。

留一份利润给市场，留一条出路和生路给对手，也就是给自己留下一片天空。只有这样，心中才装得下振荡的幅度，才能把握住眼前的行情，跟得住大周期波段。

心胸，决定行情大与小。

胸襟有多大，世界就有多宽广。

第六节 期货人格：只论对错，不问输赢

“炼狱”是投资道路上一个必经的成长阶段，从数月到三五载，多到十年八年甚至更长，造化不同，因人而异。走出炼狱的标志是依靠完全执行交易体系，达到长期稳定盈利。精心建立起自己的交易体系之后，具体操盘中需要做的是完全执行、忘掉自我，需要保持的状态是只论对错、不问输赢。赚钱，只是长期盈与亏的对冲结果，是交易系统“生产线”的标准化产品。

据美国期货管理机构统计，一个成功的交易者，一般需要五年时间、5 万美元的“学费”，而大多数的投资者即便付出了时间和金钱，也未必能跻身 1%不到的成功者行列。

或许有些人，一辈子都走不出期货炼狱，因为人性的弱点是如此的根深蒂固。市场跌宕起伏，投资失败不断重演，正是基于人性之弱点不断地重复显现。要成功实现炼狱突围，必须

义无反顾迈开步子往前走。哪怕不断碰壁、如临绝境，也要摸索着坚毅前行，去探寻出头之路。其间历尽严酷折磨，几经生死考验，含辱忍痛反思，铁心断腕纠错，直到重塑心性品格、再造行为习惯，方可从“投资炼狱”穿行出来，蜕变重生，见到光明。

走出炼狱的标志是依靠完全执行交易体系，达到长期稳定盈利。

重塑心性品格、再造行为习惯的自我修炼，是一个过程，更是一种状态，它突出地体现在炼狱阶段，又贯穿于期货投资交易的始终，乃至整个人生。而赚钱，只是长期交易中盈和亏的对冲结果，是交易系统这个“生产线”的标准化产品，无须过多关注。然而，投资人通常会把关注的焦点放在盈利赚钱上，因而导致操盘动作变形，本来系统化的“生产线”受到人为干扰，本应“标准化”的产品（交易结果）出现大量的非标品、残次品，亏损次数和额度由此增加且不断累积，最终使账户资金曲线持续下行。

《庄子·达生》里写道：“以瓦注者巧，以钩注者惮，以黄金注者殙。其巧一也，而有所矜，则重外也。凡重外者，内拙。”意思是：用瓦片作赌注，赌者心里就很机巧；用钩（当时的钱币样式）作赌注，赌者心里会担心害怕；用黄金作赌注，赌者将会气血上冲、头昏脑胀。赌博的技巧是一样的，赌者之所以顾忌与拘谨，是由于看重外物的缘故。在期货市场，投资者很难不去关注结果，原因就在于高杠杆。更何况黄金期货每手 1000 克，瞬间涨跌 1 元就是盈亏 1000 元。

要保持交易的客观性、标准化，唯一方法是通过交易系统发出的信号，来进行开仓、平仓。交易过程中应有的心态，是重过程而轻结果，做到只论对错、不问输赢，才能确保交易动作不被人性弱点所影响和主导。

“对”与“错”，是关键。

我们通常会认为，投资交易中赚钱自然是对、亏钱自然是错，而事实上，一笔亏钱的交易可能是对的，而一笔赚钱的交易反而可能是错误的。盈利与亏损不是判断正确与错误的依据，对错的标准在于：是否完全按照交易系统、操盘计划来执行。遵守交易系统，亏钱也是正确的操作；随意操作，不遵守交易系统，哪怕赚钱也是错误的。

期货市场不看你这一笔赚得有多嗨，而是比谁活得长。只有始终遵守交易系统、操作规则的投资者，才能保持交易的标准化和一致性，进而确保交易过程完全可控、顺利前行，长期持续盈利，始终屹立不倒。一套经过测试检验，统计表明收益为正的交易系统，只要始终如一严格执行，其结果必然是盈利。投资交易中，应更多将精力放在如何制定操盘计划，如何处理振荡与单边行情中不同的入场方式，如何处理手中头寸，如何做好仓位匹配与布局，如何平仓退出交易——过程中的执行是关键，不必再去理会盈亏结果，因为在你的交易系统通过测试验证之后，盈亏已经不再与操盘交易有任何关系，随它去好了。过于关注结果，会让投资交易变得不再从容，甚至陷入主观交易，完全脱离已经制定的交易方案、操盘计划，反倒使交易结果趋于摇摆不定，让持续稳定盈利变成空想。

投资交易中需要遵循的原则，也可以说是经过了无数次验证的规律——“只论对错、不问输赢”，同样适用于日常的工作和生活。

与黄宗羲、顾炎武并称为明清时期三大思想家的王船山（王夫之），是当时中国朴素唯物主义思想的集大成者。他认为，大丈夫行事，应“论是非，不论利害；论顺逆，不论成败；论万世，不论一生”，即做事要看是非对错，不看对个人的利益关系；看是否顺应时势，不管结果成败；看对后世的影响，而非只顾现世今生。

如果做一件事情，太过关注眼前或者最终得与失，甚至念念不忘如何从中获得利益，包括资历、声誉、财富等，都可能影响、干预事情朝有利于自己的方向发展，因而改变其客观运行轨道。这样一来，事情的预期将因主观因素的介入而不再确定，最后的结果也会发生偏离，甚至“差之毫厘，谬以千里”，铸成大错，出现谁也不愿看到的严重局面。

“只论对错”，就是认准方向、设定规则、明确步骤、选好方法，一步一步朝着有利于国家、有利于社会、有利于创造价值的目标前进。不受其他内心和外在因素的干扰，做到始终遵循不走样、长期坚持不停歇。

“不问输赢”是一种姿态，更是一种境界。就是坦然豁达地面对该来的一切世事更迭、冷暖变迁，不以物喜，不以己悲，任尔东西南北风，我自岿然不动。自信好人必有好报，无需对结果对未来怀有任何的焦虑忐忑，明天永远会更好！

老子说过，“上善若水，水善利万物而不争……夫唯不争，故无尤”，“以其不争，故天下莫能与之争”。其中蕴含的为人处事哲理，对投资交易有着极为重要的借鉴意义。水滋润万物而不争名逐利，因而汇成江河；天地之间水最柔弱而奔流不息，终能水滴石穿。这就是境界，有此境界，方才为水。这样做人做事，一直保持，幸运常常会青睐和眷顾。

投资如生活，生活如投资，不必着急成功。

谋事在人，成事在天。顺其自然，得失随缘。

第七章

回望：万千追寻始得一

在不断向上延伸的投资之路上，“炼狱”，如同珠峰北坡横亘着岩石峭壁的“第二台阶”，任何攀登者都不可能绕行通过。

在“炼狱”中的每一步，必得探索尝试一切能想到的方法。每前行一步，都增加无数种投资路径的排列组合。几步、几十步、几百步走过来，早已用遍万千种投资交易方法，交出了无数的学费，而真正留下来属于自己的，只有一套交易系统——万千追寻，始得其一！

就在当下，投资的道路上，来者熙熙攘攘。有人刚刚从道路那头起步，满怀豪情；有人被挡在“炼狱”入口，四顾茫然；有人折返而回，就此放弃；有人意图绕行，迷失沉寂于无边的股海期海；有人踏进“炼狱”，却“有知难行”，受尽痛苦煎熬；有人不堪折磨，翻墙逃走，仗着“知对错”，去搞研究、做培训、当“股评家”。也不乏只会忽悠者……

第一节　交易系统“信念化”

关于交易，有句尽人皆知的话：“交易你的计划，计划你的交易”。计划来自于投资者探索建立起来的交易系统。多数的交易系统都经过了高成功率的检验，但成功率高并不足以支撑投资人对其十足有把握、绝对的信任和执行。交易系统“信念化”，就是通过强化交易标准的确定性，使之接近甚至达到“绝对”和“必然”，从而转化为交易中的信念和执行力。

信念，其标准的解释是：认为是事实或者必将成为事实的对事物的判断、观点或看法。可以这样来理解：如果你对某事物的判断、观点或看法十分确定，认为其就是事实或者必将成为事实，那么你的这些判断、观点或看法，就是一种信念。信念就是确定，信念就是事实，信念是完全绝对的。

交易系统只有成为投资人的信念，才能够坚定不移完全遵照执行。反过来说，如果一套交易系统不能成为信念，投资人就难以完全地信任，也肯定做不到百分百地执行。执行不坚决、不果断、不彻底，很大一部分原因，就是交易系统并没有“信念化”，还存在不充分、不唯一、不绝对的因素和情况。这样的交易系统，本来就不是肯定正确、完全正确，又怎能得到完全充分之信任，并得到完全充分地执行？因此，交易系统“信念化”，或者说组成交易系统的各项“交易标准信念化”，对于交易就有着极其重要的实战价值。

首先，交易系统“信念化”，要从大局观入手。日常工作中每个人都要“顾大局、识大体”，“在大局下行动”，投资交易中更应如此，“大局”就是信念，“大局”就是方向。

以上证综指为例：

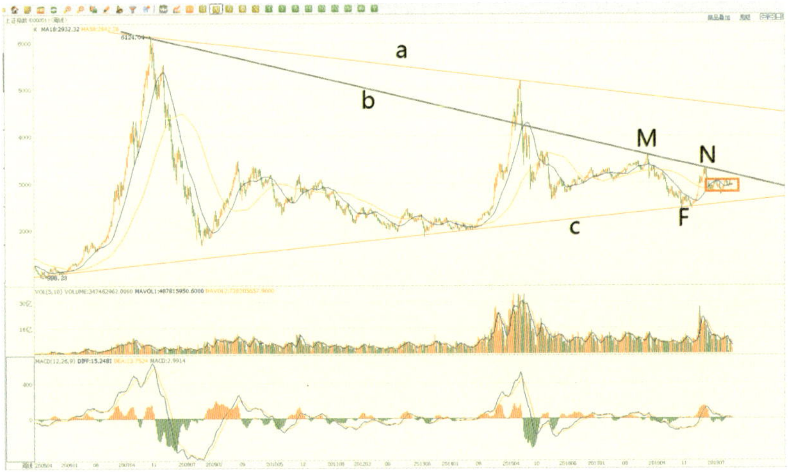

图 32：上证综指 2005 年 5 月以来的周 K 线图。M（3588 点）、N（3288 点）、F（2401 点）分别对应三个高低点；a、b、c 分别代表三条趋势线，a 为两轮牛市最高点连线，b 为直线 MN，c 为 2005 年以来股市最低点连线

如图所示，关于上证综指的“大局观”，应包括以下几点：

1. 长期来看，股指运行的范围在 a、c 两条红线之间；

2. 近 4 年以来，股指运行在 b、c 两线之间，在走出 M、N、F 附近收敛三角形的形态之前，维持 900 点左右的振荡，幅度收窄；

3. 测算上述收敛三角形至少仍将延续 12 个月；

4. 近 6 个月来在红框范围 3050—2750 之间展开下跌中继整理，振幅约 300 点。

以上对上证综指周 K 线的分析，基本明确了指数的运行范围、所处形态、当前振荡空间以及后续发展。这个整体的大局，要时刻装在心里，作为参与股市交易的“大局观”。从“大局观”出发，股市和股指投资者至少应关注以下重点：

1. 若无重大利好，牛市尚需耐心等待，正常情况 12 个月以后才能看到；

2. 红线 c 是两轮大牛市启动前的“铁底”连线，指数至此附近（如 F 点）可大胆买进做多；

3. 投资者应当注意：红框之间 3050—2750（注意不是 2750−3050）振荡乃是下跌中继整理形态，宜逢高做空，不宜做多；

4. 激进型股票投资可等指数回到红框下沿 2750 附近，再视个股走势介入做多；

5. 当下股指 2980 点，距离振荡区间之高点 3050、MN 压力线较近，下跌风险较大而上行空间狭小，不是买入股票时机。

股指交易可参考综指走势，背靠上方压力位开空。

有了以上的“大局观”，在“大局”之下、较大周期的格局下进行操盘交易，方向就会明确，策略就会清晰，内心就会坚定。

其次，交易系统“信念化”，必须从价格运行的本质入手。交易系统包含方向、趋势、进出场点、止损位、仓位控制等等诸多要点。日常交易中，单单提出必须绝对执行这些要点的要求，还十分不够，实战操盘中由于不能对这些要点达到“绝对”信任，常常在盘中变更交易方案和计划，比如“止损点处怕止损”而移动其点位等。交易系统“信念化”，就是让这些要点成为唯一正确、必然正确，从而转化为投资人的信念。这就需要深入研究分析交易系统中各个要点的本质。

交易盈利来自于价差，围绕“价差”展开交易的根本是“低买高卖”，仔细看看自己的每一笔交易：是否买在低位？是否卖在高位？有多少人一直在做交易，却从来没有做到这一最基本、最简单的交易原则？那些被套牢在山顶站岗的投资者，无一例外都是在高点买进的，那些一再割肉的投资者，也都是因为每次追高买进所导致。交易系统“信念化”，就要解决好与交易相关的一系列类似这样的本质问题。

所有的单边行情均发自于充分的振荡整理之后，趋势交易者能否确保在行情的振荡整理过程中，无论时间多么漫长，也能够一直坚持空仓，做到按兵不动、耐心等待？趋势一旦产生，任何的主动平仓都可能面临“中途下车”的窘境，那么被动止盈的位置应当怎样设置才能必然正确且可行？

再以交易系统的核心要点“趋势”为例：

众多人推崇并且都在应用“均线交易”，一条5日均线可修改为6日、7日、8日、9日、10日……20、30、40……100……直至1000甚至更多，如果将这些均线全部划出来，足以铺满整个盘面，请问以哪一条为基准展开操作才算合理？既无法确定，怎能拿出其中某一条均线来用作标准和操作依据？还有的试图从随机波动中寻找所谓“运行规律”，竟然还产生了“蝴蝶形态”之类的“一招鲜”模式，完全是主观臆想。像这样的趋势研判方式，本身就站不住脚，一推就倒，怎么可能得到绝对不折不扣的执行，怎能不被期货战场上的战士临阵丢弃？

那么，什么是行情趋势？趋势的本质是什么？答案十分简单，也十分清晰：

水平线没有趋势，与水平线构成夹角即为趋势；夹角为正，是上涨趋势，夹角为负，是下降趋势。

如图32所示，连接几个低点所形成的直线c，为趋势线。其与水平线形成正的夹角，表明为上涨趋势。只要这个夹角不归零、转为负，这个上涨的趋势就一直存在——这是无法推翻的事实，这样的趋势才能真正支撑交易信念。

如图32：依托趋势线c在F点进场做多，假设行情运行至

N，N 为变化的点。连接 F、N 形成新的趋势线。只要直线 FN 与水平线的夹角为正，则上涨的行情依然持续，多头持仓就一直处于盈利。这样“本质”的趋势，才是绝对趋势、“信念化”的趋势，才能在实战中真正支撑交易信心，得到无可置疑的执行。如此看来，所有符合预期的行情，都是 N 与 F 的夹角符合预期，都是趋势符合预期，都应当看作“盘面带来的信念”。既然是信念，就要坚守住。

再次，交易系统“信念化”，还需要建立体系化的思维和一致的标准。一套体系，采用同一振荡区间、同一逻辑架构、同一执行标准、同一交易信号、同一头寸策略……只有如此，才能通过反复的交易实践，规范交易动作、固化交易习惯，产生“不走样”的标准化交易结果。进而，不断强化投资人对于交易系统的高度认可与信任，长期下来转化成对于整个交易系统的信念，全面实现交易系统“信念化”。

这里要特别注意，交易所要依托的大周期 K 线就是大格局。应尽量不在小周期上展开交易，尤其要避免交易过程中，将本来的“小周期”随意改成“大周期”。

信念是灯塔，指引航船在茫茫大海校准航向，驶向成功的彼岸。

交易系统“信念化”，在股海期海中为投资者树起远航的灯塔。

第二节 “先为不可胜，以待敌之可胜”

投资如同打仗，对手盘就是敌对方，取胜最关键的，是做好防守，等待敌人露出破绽，一击制胜。投资交易的生存之道在于防御、潜伏，制胜之道在于天时。

《孙子兵法》曰:“昔之善战者,先为不可胜,以待敌之可胜。不可胜在我，可胜在敌。”是说善于用兵打仗的人，总是首先创造条件做到不被敌人撼动，然后去等待敌人可被我战胜的时机和条件出现。不可被战胜，在于我方自身的防御；而可为我所战胜的条件或可乘之隙，那要看敌人给不给破绽和机会。

期货投资“先为不可胜”，就是要和打仗一样，付出最小的牺牲。

有位在伦敦期货交易市场进行独立交易的英国操盘手，平均每天大约买卖 40 份英国股指期货合同，第一年就赔了 60000 多英镑。他在 55% 的时间是赚钱的，那些日子平均每天赚 1000 英镑。而其他赔钱的日子，平均每天亏损接近 2000 英镑；收入最多的一天是 8000 多英镑，而损失最大的一天是赔 20000 多英镑；其中有 10 天共损失了 90000 多英镑——只要避免那十来天的损失，他其实可以达到年终盈利，而不是 60000 多英镑的亏损。后来他接受一家公司的聘用，为其操盘，前提是把每天的最大亏损控制在 500 英镑以内，如果有一天的亏损达到 500 英镑，公司的现场经理就会打发他回家。正是这一硬性规定，使他摆脱“黑色交易日”的困扰，从此走上盈利的轨道。这个故事充分地反映了减小伤亡损失、保全自己不受重创对于交易成败的极端重要性。

首先做好防守以保存有生力量，在此基础上静待良机，在敌人犯错时出击制胜。保全之事自己可以做主，善于隐蔽就可以做到，能否战胜对手，要看天时：对方是否犯错给机会，有时要凭借点运气，有赖于上苍照顾，因为市场永远不可知。

公元前 261 年，秦国的威武国君秦昭襄王，采纳那位睚眦必报的宰相范雎提出的远交近攻策略，出兵攻打韩国，占领野王（今河南沁阳），完全截断了韩国上党郡与本土的联系。上党郡守冯亭与百姓谋划后，决定借助赵国力量抗秦，把上党郡 17 座城池献给了赵国。赵国接受上党，秦随即出兵伐赵，就此引发了决定秦赵两国命运的长平之战。

赵国主将廉颇依托山河地形，命令士兵牢固筑起三道防线：第一道是空仓岭防线，第二道是丹河防线，第三道是百里石长城防线。任凭秦军屡次进攻，赵军固守营垒，以逸待劳。秦军历来善于突进急击，只有速战才能大胜，久攻疲惫，很快锐气受挫，进退不得。双方陷于势均力敌的胶着状态，廉颇率军牢牢守住边境，也保住了上党郡的百姓，抗击秦军策略大获成功。

战争进入第二年，赵孝成王急于求胜，遂撤换廉颇，派纸上谈兵的赵括统兵。赵括放弃固守之策，挥军大举进攻。秦军统帅白起此刻重新出山，命令军队佯装败退，却派遣两万五千精骑出侧翼太行道直抄赵军后路，占领赵军大举出击后空虚的百里石长城防线和粮道，将 40 万赵军分割包围在丹河一线狭小地域——由赵军自己构筑的第一、三道防线之间。被困断粮 46 天后，奄奄一息的赵军投降而遭坑杀。赵国此战失去半数以上男丁，国运迅速衰落。

长平之战，前半场廉颇统领，是成功防御的经典战例；后半场赵括领军，是冒进惨败的反面教材。来到期货市场的投资人，很有必要时常回味、好好理解这场战争，认清前、后两个阶段的战局态势，吸收廉颇稳固坚守的经验，更要汲取赵括盲目出击的教训。再看“战神”白起，又恰恰是运筹帷幄、以静制动，“待敌之可胜”时，抓住赵军所犯下的致命错误一击而全歼。

投资市场犹如战场，“先为不可胜”，就是首先要好好地活下来。要想做到稳固防守“不可胜”，并非完全被动等待，不去做积极认真准备就能达到的，而必须先要提前做足功课，在知己知彼的基础上，胸有成竹、方略在握，然后像战场上的士兵一样，令行禁止，绝对执行。要预先制定周密详细的安排和预案，包括：发现和确定目标，下定战斗决心，严密制定交易计划和步骤；战斗进程中，根据行情进展和形势变化，及时调整兵力（仓位）部署，组织有效攻防；战斗结束，无论胜败都要有周全的撤出（平仓）预案。同时，不能无视战场纪律，那是要受到“军法从事”的，必须绝对、无条件地执行交易预案。

赚钱的人之所以赚钱，是因为他们在每笔交易之前，已经想好了这笔交易成交之后，出现的各种情况、如何应对，以及下一笔应该怎么交易。就像下象棋，落子之前，先要想好自己的后三步，甚至后五步，以及对方可能的三五步，自己如何应对。孙子《计篇》曰：“夫未战而庙算胜者，得算多也。未战而庙算不胜者，得算少也。多算胜，少算不胜，而况于无算乎？”意思是说，拉开战斗序幕之前，就已周密充分“庙算”（古时战前君主在宗庙里举行仪式，商讨作战计划），充分估量了有利条件和不利条件，真正开战往往取得胜利。而没能进行周密“庙算”，一开战就是完全没有准备的“遭遇战”，失败的结果早就已经等在那里。

在期货投资市场，比拼的永远不是明星，而是寿星。美国期货交易大师斯坦利·克罗说“钱是坐着赚来的，不是操作中赚来的”。尽管市场极其残酷无情，但只要保全自己，就有成功的机会。

不能求生存，何以谋发展？

每战不可胜，何虑不为胜者？

第三节 顺势岂止在盘面

交易“顺势而为”，要达到心与市场同频共振，行与盘面步调一致的境界。不仅是按照盘面行情和各种指标、均线进行买卖操作，更重要的是转变“主顾”心态为“店主”姿态，全身心投入并沉浸于市场之中，与市场息息相通、融为一体。

交易操盘要摒弃不好的做法，形成全新的正确习惯，必须经受长期艰苦的磨炼。首先要反复训练、熟能生巧，转化为无意识反应——即不经过主观分析判断而做出的一种本能反应。比如，小提琴手看着乐谱，不必考虑手指怎么按动琴弦，就能拉出悠扬的乐曲，用卖油翁的话就是“唯手熟耳”。操盘达到这一阶段，执行交易系统信号就能成为自然而然的习惯。

网络上有个视频，是有关上海锦江饭店大厨“刀劈生蛋”的绝技。只见厨师用一把锋利的薄刀铲起一个生鸡蛋，高高抛向空中，然后快速用刀背、刀面交替稳稳接住落下的鸡蛋，又再次抛向空中，上下飞动的鸡蛋在钢刀上跳跃，碰触时有节奏地“铛、铛……”作响，偶尔让鸡蛋在刀面上微微逗留，快速旋转数圈，看得人眼花缭乱，惊得人阵阵赞叹。最后，在鸡蛋落下时，厨师竖起刀刃，“叭”地一下，鸡蛋落在刀刃上，不偏不倚镶嵌其上，蛋汁顺着刀背缓缓淌下。由于鸡蛋在刀上反复抛落震动，蛋黄蛋清早已“搅拌”为一体，蛋汁鲜黄而均匀。大厨以刀为笔，在盘子中快速游走，蛋汁为“颜料”，瞬间画出一个心形图案，再提刀潇洒一挥，画出一支箭穿心而过！整个表演过程如行云流水，一气呵成。没有三年五载的刻苦磨炼，想拿出这等本事，恐难不失手。

一般性的反复训练，只不过形成肌肉记忆，放在期货市场，充其量也就做到机械执行交易指令。要想随时敏锐捕捉行情之变化，不假思索迅速作出正确反应、正确操作，还需要更加深入的沉浸式体验，达到与市场息息相通，合为一体，真正实现“心与市场同频共振，行与盘面步调一致”。

《史记·孔子世家》中记载，孔子向师襄子学琴，一首曲子学了十天仍在弹奏，师襄子对他说：“可以增加学习内容了。”孔子说：“我已经熟悉乐曲的形式，但还没有掌握方法。”过了一段时间，师襄子说：“你弹奏的技巧已经很好，可以增加学习内容了。”孔子说：“我还没有领会曲子的意境。”再过一段时间，师襄子说：“你的琴声已经传递了曲子的意境，可以增加学习内容了。”孔子说：“我还不了解作者。”又过了一段时间，孔子仿佛进到新的境界，时而神情庄重穆然、若有所思，时而怡然高望、意志深远，对师襄子说："我知道他是谁了。那人皮肤深黑，体形颀长，眼光明亮远大，像个统治四方诸侯的王者，若不是周文王还有谁能撰作这首乐曲呢？"师襄子听后，赶紧起身向孔子拜了两拜，回答道："老琴师传授此曲时就是这样说的，这支曲子正是文王所作《文王操》啊！"

故事说明，完全将乐曲融化在心，彻底理解音乐的内涵与意境，音乐才会随意之所至，自然地从心中流淌而出，而不再囿于技艺的雕琢。在这个过程中，技艺的增进显而易见，也没有被忽视，而对于反复体味、领略音乐本身的韵致、乐感，完全消化，融入音乐的境界，却是唯知音者知，唯孔子本人知之。操盘功夫，同样须全心投入，沉浸其中，方能悟道而成。

期货投资中的顺势，既有盘面上的行情走势，又包含顺大势与顺小势的统一、辩证认识"单边顺势"与"振荡顺势"、顺应市场整体心态与当前氛围等，甚至对不同期货品种所具有的不同"性情""风格"了然于胸、顺之而为，分别采取相应的最优操作策略和方法。

顺势，最终达到的层次和境界，是参深悟透投资交易之"道"，真正地做到顺应期货市场之规律，与市场心心相印、休戚与共，直至融为一体，难分彼此。这里面要重视的，是"主顾"与"店主"的心态问题。来到期货市场，很多人抱有赚一把就跑的心态，而不是把期货投资当作一个长期从事的职业。事实呢？往往是赚到一把的人感觉来钱容易，会继续参与；没赚到钱的决不轻易甘心认输，也会继续参与，结果就造成：多数人是以短期心态，在长期进行期货投资交易。试想一下，有什么工作、哪件事情，可拿这样一种不负责任的应付态度、短视行为，得到一个高质量的成果？本来就没有将其当回事，怎么可能真正地投入、卓越地做好？正确的态度和做法，应是以长期的心态、宏大的格局持有头寸，而在不经意间收到一份很快到来的惊喜。

期货投资好比经营一个门店，“主顾”们进来，可以挑选便宜货，达到满意了扭头就走，也许再不会光顾。“店主”可就不一样，要做很多的提前筹备，天天尽心打理，有时候还得考虑打折让利吸引客户——因为“店主”心里很清楚，那是一份事业，需要日复一日、年复一年地辛勤不辍，才能得到应有回报。期货投资人的身份，是做好“店主”，而不是当个“主顾”。

只有树立长期观念，兢兢业业把期货市场这个“自家门店”经营好，身在其中、心有归属，才能在这里长久地生存经营下去，最终与市场合拍共振。

书法史上最具成就的四大名家“颜、柳、欧、赵”当中，元代赵孟頫之妻管道昇，在其名作《我侬词》里写道：“你侬我侬，忒煞情多，情多处，热如火。把一块泥，捻一个你，塑一个我。将咱两个，一齐打破，用水调和。再捻一个你，再塑一个我。我中有你，你中有我。”

期货投资者与期货市场，也像这样如胶似漆、长相厮守，岂能不“心有灵犀一点通”？

第四节　专则精，铸剑务须“独行”

期货市场目前70个交易品种，每时每刻都有各自的行情。若每一个品种都去做，看似机会更多，实战反会四下碰壁，头破血流。在这里，贪多求全带来的不是厚积薄发，而是广种薄收。铸剑精神，需专注才能精深，须“独行”才能见锋。

只做一个品种，是很多期货高手的选择。我所认识的两位大赛冠军，一个只做铁矿石，一个只做菜粕。但更多的投资者进入市场，发现各个品种遍地都是机会，于是操起自以为拿手的招式就去四下拼杀，结果未见斩获，自己先受一身伤。还有的时候，本来连续在一个品种上做交易，已经顺风顺水、得心应手，难得空仓片刻，忽见另一品种行情正在蠢蠢欲动，遂按捺不住开仓跟进，哪知转眼之间风云逆转，将前面多次的收益悉数奉还。

为什么跨品种交易总是容易出问题？因为每个品种不一样。

截至 2019 年 12 月，期货市场交易品种包括金融期货在内已有 70 多个品种，每个品种都有自己的独特“个性”。交易第一步，必须对交易品种有一个全面深入的认识了解。这就好像生活中交朋友谈对象一样，你和他交朋友前是不是得有所了解，看看彼此性格、爱好、习惯、观念之类的合不合？做交易也是这样，如果对这些品种的运行规律、波动特点等都不知道，看一眼就进场交易，很难赚到钱。

目前比较活跃的商品期货品种，有几个特性鲜明，其余品种也各有“性格”。螺纹、铁矿石、沪镍、焦炭、橡胶经常处于“活跃度”榜单，无论行情上涨或下跌，它们的波动幅度往往排在前列。螺纹是黑色系中的常规龙头，成交量够大，价格波动也最为活跃，虽然有时焦炭涨跌幅会更大，但无奈现在这个品种成交量不行，满足不了大资金的交易；铁矿期货虽然成交量大，但不如螺纹活跃，不过年初以来却是最耀眼的明星；另外，铜大气、天胶妖、玉米稳，豆类、化工品容易受到外盘原油、芝加哥粮油期货影响大幅跳空……

《孙子·谋攻篇》中说：“知己知彼，百战不殆；不知彼而知己，一胜一负；不知彼，不知己，每战必殆。”并且专门对“知胜”之道，做了详细论述：“知胜有五：知可以战与不可以战者胜，识众寡之用者胜，上下同欲者胜，以虞待不虞者胜，将能而君不御者胜。”意思是预见胜利有五个方面：一是能准确判断仗能打或不能打者胜，二是知道根据敌我双方兵力的多少采取对策者胜，三是全国上下、全军上下同心协力者胜，四是以有充分准备来对付毫无准备者胜，五是主将精通军事兵法君主又不加干预者胜。从中能够深刻领会到，孙子对于“知”的极其重要性，有着非同寻常的强调。在期货投资的“交易战场”，“知”各个品种的特性，当然也是必需的前提，而做到真知、深知，离不开全心专注的投入。

专注力，指一个人专心于某一事物或活动时的心理状态。它受到内在和外部多方面因素的影响。在正常情况下，专注力使我们的心理活动朝向某一事物，有选择地接受某些信息，而抑制其他活动和其他信息，并集中全部的心理能量用于所指向的事物。因而，良好的专注力会提高我们工作与学习的效率，而专注力缺陷，常常是工作学习效率不高、效果较差的共同原因。培养专注力（注意力训练）已经得到社会普遍重视，特别是在儿童少年的教育培养方面。

期货交易中，对固定品种保持良好的专注力，是对其进行感知、思考等认识活动的基本条件，专注与不专注，影响和结果都将出现很大的差异。专注力如同我们心灵的门户，门开得越大，接收到的东西就越多，随之而来的则是注意力涣散或无法集中，真正有用的知识和信息进入心灵被感知的“流量”会大幅度减小。法国生物学家乔治·居维叶说，天才，首先是专注力，强调只有始终保持专注，才能最大限度接受、加工、处理特定有用信息，取得惊人结论或成果，就是同样的道理。牛顿把怀表当作鸡蛋煮了，陈景润走路撞到树，都是他们过于专注地思考问题闹出的笑话，而他们也都因为专注取得了天才的成就。

《孟子·告子上》中记载："弈秋，通国之善弈者也。使弈秋诲二人弈，其一人专心致志，惟弈秋之为听。一人虽听之，一心以为有鸿鹄将至，思援弓缴而射之，虽与之俱学，弗若之矣。为是其智弗若与？曰：非然也。"故事讲的是一个叫弈秋的下棋高手，教了两个学生，一个认真听讲，一个在课堂却总想着如何用弓箭射下飞过的鸿鹄。后者学艺就不如前者——并非他脑子不够聪明，而在于用心不够专注。

什么都想得到，肯定要出问题。动筷子，先看清是不是你盘子里的菜；想赚钱，先认准是不是你能做的事情；动心思，先明白是不是属于你的机会。做期货交易，务必学会专注、更加专注，专注一个品种、专注一定周期、专注一种形态、专注一样手法……这样才能领悟其中更深层次的意境规律，悟得投资交易的真谛精髓，取得好的结果。至少，要远远超过不专注的结果。人们说到能力之强、功力高深，会用"十年磨一剑"来表述，所强调的是这把剑精心打磨了"十年"的功夫，坚韧锋利无比，却往往忽视掉其中一个要点："一"。没错，十年磨"一"剑，只磨一剑！唯一的，专注到极致。

吴国铸剑名匠干将曾描述他的师父铸剑，"吾师之作冶也，采五山之铁精，六合之金英"，"金铁之类不销，夫妻俱入冶炉之中"。其妻莫邪亦言："先师亲烁身以成物。"干将莫邪的师傅师母，为化开炉中金铁，均投身于炉中，于是“金铁乃濡，遂以成剑”。这样的举动，必是无比专注、全心奉出，才可能做到，其中闪光的“铸剑精神”，永远令人震撼不已。北宋“内丹学”大师张伯端，深悟铸剑精神、体察铸剑之道，曾作诗“欧冶亲传铸剑方，莫耶金水配柔刚。炼成便会知人意，万里诛妖一电光”。他“以人体为鼎炉，精为料物、神为火候”，通过内炼，使精神凝聚不散，结成“金丹内药”，益寿延年至 99 岁。

期货投资要做到十年“只磨一剑”的专注，更需培育“铸剑精神”、遵循“铸剑之道”——以铸剑般的专注力、神圣感、清静度、“如命”心，耐得了寂寞，忍得住孤独，朝着人们从没去过的方向探索前进，在没有脚印的沙滩上、人迹罕至的荒芜之地，留下自己独行的足迹，让道路沿自己的脚印开拓延伸。凡事不做则已，做就做到最好、做到极致，做到不可替代，效果才能体现，方才看出做成之事与别人不同，个人价值才能体现。做事如此，铸剑如此，投资交易同样如此。

“宝剑锋从磨砺出”，专则精，“独行”始见锋。

第五节　慢即快，行稳方能致远

来到期货这样的高杠杆市场，都是想要赚快钱。高速度情况下的控制，从来都是难题，更何况期货投资之路艰难坎坷。失去稳定性的结果，必然是加大风险，而期货市场最厌恶风险，哪怕很小的风险都可能造成颠覆性的后果。行稳方能致远。

期货市场看起来是闪闪发光的、诱人的聚宝盆，在这里，高达十倍的杠杆，可以放大所有的波动，几天就可能赚到几年甚至一生的财富，有的人一天暴富，有的人操作错误瞬间爆仓，一天内倾家荡产，可谓一念天堂，一念地狱。武汉一位女士，在商品期货中，将五万元炒成2000万，可随后又将这2000万炒至归零，这就是期货市场。

在本就如此激烈的市场里，首先想到的应是如何降低风险，而不是高歌猛进。如果没有风险控制意识，一味去加速赚钱，所采取的方法必然是：加重仓位、加大杠杆，加快操作节奏、追求短线高收益，想要大小周期、上下波动、各个品种一概通吃，什么钱都想赚……这样做的结果呢？一定是心态不稳、进退无度，想要稳定盈利难上加难。

凡事“欲速则不达”，道理人人明白，性急图快，反而不能达到目的。实际上，在其原文出处还有另外一层意思，即鲜明提出了“贪求眼前小利难成大事”的思想。《论语·子路》是这样说的：“无欲速，无见小利。欲速则不达，见小利则大事不成。”期货市场欲成之大事，无疑就是实现长期稳定盈利，而《论语》则帮助我们认识到：当一个投资者并没想要快速暴富时，不会过于贪求眼前小利；而如果他动了心思想要快速发财，就会陷于眼前小的利益，缺少长远的目光，结果必然是“一叶障目，不见泰山”，反而失去取得成功的机会。

人与人能力不同，确有的人脑子快、反应快、动作快，赛车场上极速狂飙、飘移过弯，令人惊心动魄。但不是每个人都有这样的天赋，更不是每个人都能成为出色的赛车手。期货市场一样，有人可以做到短线操作、快速获利，但这不是平常人谁都能够做到的，如果来到期货市场就树立他们为榜样为努力目标，可能永远达不到，甚至不断受伤，只能永远当亏货。我们都是凡人，要清醒认识自己，做凡人能够做到的事，放慢步子，才能走得更稳。

投资不喜大起大落，而贵在持续的增长。巴菲特 45 年复合收益率为 20.5%，近 5 年降至 10% 以下。他的公司早年是一家高杠杆的衍生品投机公司，但巴菲特的成功恰恰是在他做“降速”以后，也就是日趋保守后。任何人想要达到巴菲特的成就，都几乎不可能，可为什么有那么多的人期望一年甚至几个月实现快速翻倍，岂不是做梦超越巴菲特？那样的快速，是否现实？又是否荒诞？

在历史上，有一个人同为毛泽东和蒋介石所推崇。毛泽东评价他“予于近人，独服曾文正”。而据说蒋介石的案头就摆两本书，一本是《圣经》，另一本就是《曾文正公全集》。曾国藩，历史上被誉为“立德立言立功三不朽，为师为将为相一完人”。

曾国藩天资平平，考秀才就考了九年，左宗棠评价他“才略太欠”，是个“书憨”。而梁启超也说曾国藩“非有超群轶伦之天才，在并时诸贤杰中，称最钝拙”。曾国藩也很有自知之明，他曾评价自己“生平短于才”“自问仅一愚人”，叹自己读书、办事“余性鲁钝，他人目下二三行，余或疾读不能终一行；他人顷刻立办者，余或沉吟数时不能了”。

而曾国藩高于他人之处，正在于他的“天下之至拙，能胜天下之至巧”。不读懂上一句，不读下一句；不读完这本书，不去摸下一本书；不完成一天的学习任务，绝不睡觉；不琢磨什么“技巧”或“捷径”，照着一条路一直朝前走。这看似“笨拙”，却也让曾国藩养成了超乎常人的勤奋、踏实性格。

后来领军打仗，他的战略战术十分独特：“结硬寨，打呆仗”，就是围住城池后不停地一圈又一圈挖壕沟，挖得水泄不通，断粮道、断补给，然后耗着。别人打一座城市，最多也就一两个月，而曾国藩的湘军却用一两年，方法看似很笨，但是很有效。曾国藩看似做事缓慢，天资愚笨，实则根基扎实，力求稳健。湘军几乎没有打过什么漂亮仗，既没有以少胜多的大捷，也没有什么机智的、勇敢的，能够名留史册的经典战例，但在当时条件下，却只有曾国藩功劳最大，成为“中兴名臣”。

削铁利刃，十年难磨；参天巨木，百年而成。“不积跬步，无以成千里；不积小流，无以成江海”，人间事大抵是急不得的，大涵养大智慧，并非一朝一夕练成。无论是要想求取事业上的成功，还是希冀美满幸福的人生，都需要放慢脚步，宁神定性，砥砺而奋进，方能厚积而薄发。

慢则稳，故能行而致远；快则急，故而忙中出险。期货之路崎岖坎坷，驾车高速奔驰，后果不堪设想。每次投入十分之一的资金，只需其得到十分之一的回报，操作 70 次，你的账户就能够翻倍——难道这还不够快？还要怎样才算快？

放弃稳健而选择冒险，期货市场有太多的方式踢你出局。

放慢节奏而选择平稳，期货市场最不缺的就是财富增速。

第六节　交易顿悟：高低相对，大道至简

最宝贵的交易秘笈，乃是最简单的投资诀窍——低买高卖。看似简单，做到却不易。无数人探索追求，各种交易之“术”为之而生，其中不乏武林高手。再要脱颖而出，修盖世之功，必得走到另一个层面、另外的境界：超然于“术”。

“天下熙熙，皆为利来，天下攘攘，皆为利往”，“利”不仅仅是金钱，还有地位、名誉、权势、各种好处等。任何一种“利”，都好似节日里的热点风景名胜，周边道路拥堵，四下人头攒动，得而享用甚至只给极个别人“专享”，岂有不难。证券期货，“利”之地也，一路走来，跌跌撞撞，磕磕绊绊，经“炼狱”洗礼，历千难万险。

难在没有方向，左冲右突，对了却返回，错了却南辕北辙一个劲儿越走越远；难在是非对错难辨，正确时可能赔钱，错误时却在赚钱；难在技术复杂，标准太多，“双底”“M 顶”“菱形反转”“三

角形整理”等各种形态，KDJ、RSI、“能量潮”等各种指标，“布林线”、趋势线、均价线各种线条，令人头晕眼花，无所适从。好好研究，钻研五年不算短了吧？还有人研究十年、二十年，干不过他们，你还是走不出投资人的“大多数”，就休想挣钱。

潜心钻研，独辟蹊径，认准一个方向，三年五载、十年八年历练，天天复盘、夜夜深思，不敢有一点懈怠，不容有半点差池，终于建立一套适合自己的投资理念、交易思想、操盘技术。可以轻松投资交易赚钱了吧？没那么简单，只要持有仓位，心中必定无法平静，总是牵肠挂肚。

问题是关心则乱，今天忍受不了上上下下的电梯平仓出来，明天就会立一根“旗杆”式的K线给你看；懊悔呀，经手过的那几个品种，如果继续拿着，现在都是“摇钱树”；在某天小有亏损的情况下，过去好不容易悟出的道理，严重惩戒自己才改掉的毛病，又莫名其妙地跳出来极端蛮干，落井下石，雪上加霜，让人鄙视自己；算了不再看盘，只要系统还在，任由行情发展，却居然空仓许久也迟迟不敢下单，眼见一拨又一拨行情从面前飘然而过；只能眼睛不离开盘面，视力直线下降，身体也吃不消，看看资金曲线，仍然没啥起色，心好累。

投资交易这么难，究竟难在哪里？什么是从中盈利的关键？根源何在？本质是啥？——“低买高卖”。

何为低？何为高？

低处有更低，高处有更高。何处为低？何处是高？

让我们记住：阿尔伯特·爱因斯坦（Albert Einstein，1879年3月14日—1955年4月18日），犹太裔物理学家，1921年诺贝尔物理奖获得者。出生于德国符腾堡王国乌尔姆市，1900年毕业于苏黎世联邦理工学院，1905年获苏黎世大学哲学博士学位。爱因斯坦1905年提出光量子假说创立狭义相对论，1915年创立广义相对论，为人类运用核能、认识世界奠定理论基础，开创了现代科学技术新纪元，被誉为“世纪伟人”。相对论的提出是物理学领域的一次重大革命，它否定了经典力学的绝对时空观，揭示了时间和空间的本质属性，推动物理学发展到一个新的高度。相对论是人类思想最伟大的成果之一。

爱因斯坦是杰出的物理学家，也是一位了不起的哲学家。狭义相对论、广义相对论，为人类提供了认识世界、改变世界的有力武器，也让我们得到了“相对论”在思想方法、思维层次、思考路径上的宝贵启示。世界从微观原子到宏大宇宙，从质量到能量，从时间到空间，都遵循着“相对论”的原理和规律，相对是存在，相对是必然和绝对的相对。价格的高与低，也是相对。

参禅有三重境界，也是人们认识事物把握本质和规律所经历的三个阶段：第一境界“看山是山，看水是水”；第二境界，“看山不是山，看水不是水”；第三境界“看山仍是山，看水仍是水”。

投资交易第一重境界：对于“高低”的认识，仅仅是看到“高点”与“低点”，达到“看山是山，看水是水”，由此产生“价差”观念，知道从“价差”中获利。

投资交易第二重境界：发现在不同时间周期上，高点、低点会相互转化，这里的高点也是那里的低点，那里的高点也是这里的低点。高点、低点并非一成不变，而后理解到“开仓无对错”，这就是“看山不是山，看水不是水”。

投资交易的第三重境界：向爱因斯坦学习，转换思考方式，引入时间和空间的概念，从“点线面式”平面思维上升到“时空相对”思维，再来看“高点”和“低点”，“看山仍是山，看水仍是水”。只不过，同一个价位，可能是那边的高点，可能是这边的低点。“高点”，是相对于特定时间框架的“高点”，离开时间、变换了周期，也就失去意义；“低点”，又是相对于特定区域边界的“低点”，缩放了区域、变换了层面，也会失去意义。由此而知交易中需有大格局、大胸怀，“大处着眼、小处开仓”。

一切技术层面的东西，全都是为了判断、捕捉、跟踪、把握所谓“趋势”，而采用的技巧方法，皆为“术”。再高明的“术”，有时管用，有时也会失灵。以“高低相对”为基础，在一定时空体系中进行低买高卖，高低之间运行转化的过程和路径，就是通常要把握的“趋势”。重“高低”而轻“过程”，投资交易自会化繁就简、返璞归真——投资交易“相对论”，价格在高低之间转换，是为“道”，乃必然之规律。

《老子》开篇即说：“道可道，非常道。”后人对此的诠释各有不同，甚至存在分歧，主要有：“神秘不可言说论”“不是人间常俗论”“非恒常不变论”等。我的观点是：

道并非不可说，也客观存在于事物之中，是否恒常不变无须过多讨论。老子所说的意思十分直接，也十分明白，是说“道”可以被认识和遵循，但绝非照猫画虎就能做得来、做得到，故“非常道”。

就“高低相对”的投资之道来说，在一定的时空周期里低买高卖，规律已知，“道可道”；要真正做到，还必须能以平常心对待，经得住过程中的振荡，接受已经到手的利润失去，甚至坦然面对转盈为亏这样的艰苦修炼，剔除掉人性的“贪之恶”，才能摆脱桎梏藩篱，从投资“炼狱”突围而出。而这些，不经深刻漫长的人生修炼没有可能达到，因而“非（为）常道”。

道法“高低相对”投资之道，即直接迈进“炼狱”之门，展开人性修炼，而避开很多技术指标的泥潭。与纷乱繁多的技术分析相比，“高低相对”的交易思想更为简单，不再纠缠于行情在“高低”之间演变的过程。

正因简单，朴实继天，所以常能看到初入股市的“菜鸟”、证券公司门口卖报的老人投资大赚，因他们图便宜“低买”又赶上了牛市助推。只可惜这些新手一旦开始学习交易技术、试图猎庄跟势，将无一例外地加入到“亏货”行列。回过头去看，他们如果直接选择“修为”之路，而不要去研究太多技术、追踪什么“趋势”，就能规避高低转化过程中“草地”里的技术泥潭陷阱，更早一点迈上“康庄之衢”。

高低相对，大道至简。交易分境界，做人亦有不同境界。

做好投资，须是高人。

结　语

知与行，合在“仅剩良知”

非“知”而不“行”，乃“欲行”却“难行”。难在约束心动、控制欲望，难在淡泊名利、舍弃收获。难在只管做人做事，不论成败得失；难在胸襟宽广坦荡，甚至给对手留出活路。投资“炼狱”突围，去除所有的人性弱点，仅剩良知，此时之“知”，尽为“良知”，此时之“行”，皆发自“良知”，则做人不会有过，做事无有再错——“知行合一”，合在心上之“仅剩良知”。

期货投资，是惊心动魄的资本博弈，更是人性自我的对阵角逐。

期货“炼狱”生生死死、死死生生，置之于死地而后生。在“炼狱”中修炼：遇变不惊，临渊不惧，耐心和坚韧不断给意志品格淬火。教训面前一次次认错、低头，铭心反思中一次次觉醒、顿悟。剔除与“想盈怕亏”相关的人性弱点，不再贪婪，不再恐惧，不再冲动和犹疑……随之而平和、宽容、淡定面对市场涨跌，以同样姿态面对职场，面对生活，面对社会，面对人生。

去除所有的人性不足，仅剩良知，做一个纯粹的人，则投资交易中明知的、发自人性之恶的错得以除根，明知的“对”自会做对（没有了错，只剩下对）——投资交易的“知”与“行”，由此“合一”；情形变化、世事迁移，然而本心不变，良知永在、弱点全除，则做事无有再错，做人不会有过——人生成长的“知”与“行”，由此“合一”。

“知行合一”，并非一味强制要求去做就能如愿达到，而须从修心处起步，不断做减法：抛掉人性之“恶”，砸烂桎梏枷锁；掸去心上浮尘，显露光明良知。仅剩良知时，则所有之“知”，皆为良知；所有之“行”，皆发自良知——“知行合一”，合在心上之“仅剩良知”。

“良知”，是生来就有的天赋道德观念，即至善，即天理。心学大师王阳明认为“知善知恶是良知”，所著《大学问》中也说：“不待虑而知，不待学而能，是谓之良知。”可见，阳明先生所言“良知”，是将其看作判断善恶的标准，而没有强调良知的“至善、天理”，更没从另一方面揭示人性之“恶”、剔除人性之“恶”。因而，其一生悟道讲学做事、立功立德立言，多为发掘人性之“善”，以其指导做事为人，而没有提出全面摒弃人性之“恶”的主张。

如此一来，“性善”与“性恶”同在一人之心，则其必然具有善与恶的双重人性、两面人格：其“性善”使其向善，其“性恶”使其向恶。在某些特定的利益环境下，人性之“恶”会放大、膨胀，进而主导人的行为，甚至令其做出与自己心中之“善”完全相悖的决定和行动，“利令智昏”导致严重后果。期货市场每天都在发生如此悲剧，现实生活中也不乏这样的实例——不从根本上剔除人性弱点、彻底摒弃人性之“恶”，哪怕是心存良善的人，也免不了犯错，甚至犯大错。

人非圣贤，孰能无过？可以有错，但完全能避免的错要努力避免。孔子言“吾日三省吾身”，就是要不断地检视反省，改掉身上的坏毛病，从根本上挖去人性之弱点，且要完全彻底剔除糟粕，仅剩良知指导做人做事——出发点和归宿点都不偏离正确轨道，自然能做到只对不错，由此而竿头日进，不断前行向上。

时代洪流滚滚，世界日新月异，新情况新事物不断影响冲击思想观念，人生的修为之路也永远没有尽头。“路漫漫其修远兮，吾将上下而求索”。

人之命运不在天，在心上；人之成功不在争，在修为。

不成又当何？此心光明，万物无不光明。

谨以此书献给证券期货市场的投资者，助力投资突围！

谨以此书献给渴望人生璀璨的追梦人，助力事业功成！